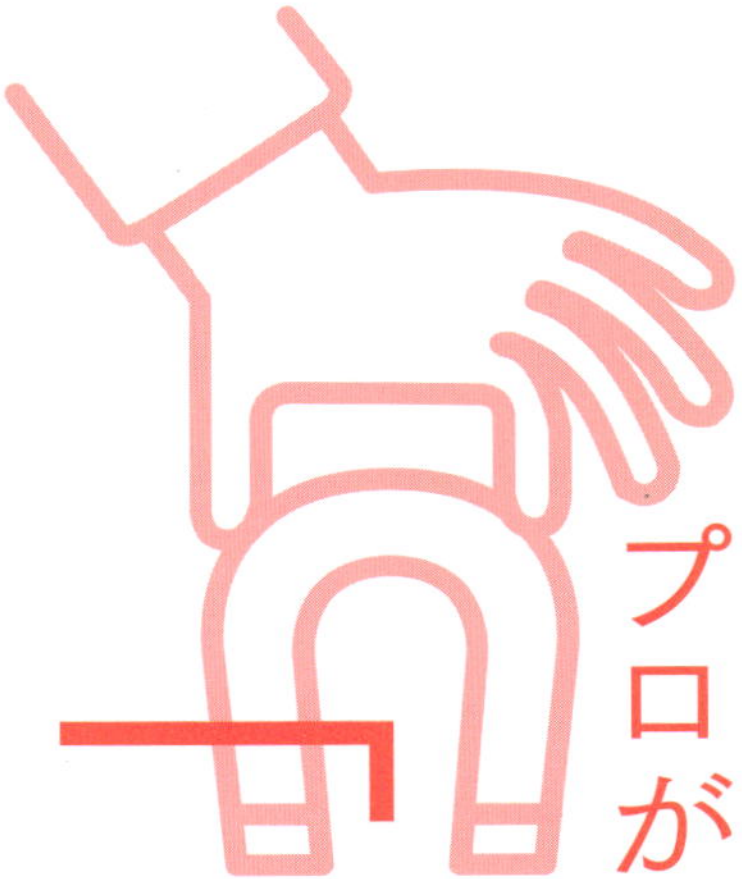

お客を集める
プロが教える

「徹底集客術」

加藤学

同文舘出版

はじめに

誰もが集客ツールを使える時代だからこそ、誰もが集客のプロになってもらいたい

みなさん、はじめまして。誘客マネジメンツの加藤学と申します。集客という仕事に関わりはじめて今年で20年となり、その集大成として本書を執筆する機会をいただきました。では、どのような思いで私が本書を執筆することにしたのか。それは、本書の読者の皆様が、お客様を集めるプロになっていただきたいという思いで執筆しました。

そのために、「プロ」という観点で見たときに、さまざまなテクニックを『何をどのように考えて使っているのか』を伝えていきます。本書で紹介している集客テクニックだけを見れば、さまざまな集客本で、一度は目にしたことがあるものも含まれているでしょう。しかし、ここで学び取っていただきたいことは、テクニックそのものではなく、どんなことを考えてどのような法則性を持ってそのテクニックを使っているのか、そしてどのように組み合わせているのかということです。

本書の中には、「プロはこのようにする」といった言葉が複数出てきます。この言葉には、「私はプロだからすごいんだ」というような自慢の意味はまったくありません。私の考えるプロとは、どのようなものなのかを、まず最初に投げかけたいと思います。

インターネットが発展した今の時代、アマチュアの方も面白いアイデアに満ちた動画やＴｗｉｔｔｅｒ等で、大きなムーブメントを起こしています。まさにプロ顔負けと言えます。では、プロとはどのようなことなのか。前者の場合を野球にたとえると、たまに大きなホームランを打つバッターのような感じでしょう。プロとは、高い確率でコツコツとヒットを打つ、ときにはバントでランナーを進めるバッターです。思ったよりも華がなく地味な存在です。

「天ぷらの神」と呼ばれる日本一の天ぷら職人・早乙女哲哉氏をごぞんじでしょうか。私自身はテレビ番組で知り、その言葉に感銘を受けました。それは、「プロの料理人というものは、自らの仕事を論理的に把握しておくのが大前提であろう」という一言です。元は、『天ぷら「みかわ」名人の仕事（江戸前を極める）』（早乙女 哲哉著）の中に書かれた一文のようです。私自身この言葉を常に意識し、自分の仕事を偶然やカン頼りではなく、再現性のある型として安定的に実行できるように心がけています。現在まで20年間に渡ってさまざまな業種の中で、集客のプロとして仕事をしてきました。なかには、まったくの未経験の業種にぶっつけ本番でアドバイスを依頼されることも多数あります。

そんなときにも、焦ることなく自分自身の持っている集客術を、その業種やそれを実行する「人」に合わせて変化させて対応してきました。そこにはプロとしての集客の型があるからこそ、乗り越えられたと思っています。

本書では、私自身が今まで使ってきていて、そしてこれからも使い続けていく、私にとってのサバイバルツールのような集客術を、あますことなく伝えていきます。

今の時代、誰もが簡単に集客ツールを使うことができます。印刷物の制作ひとつをとっても、昔ならば印刷屋に頼んで作ってもらっていたチラシが、今は自宅で簡単に作成することができます。枚数が多くなっても、安価にチラシ印刷を発注できます。

さらに、インターネットの発展により、あらゆる手段で誰もが簡単に情報発信ができるようになりました。そのため、昔は広告代理店を通してテレビ・新聞・チラシ等で集客を行なっていたものが、今では個人レベルでもさまざまな手段が使えるようになってきました。広告業者を頼らなくても、さまざまな選択肢を使って集客することができます。

私が、集客という業界に携わりはじめた20年前では、印刷物は印刷屋へ、動画ならばコマーシャル制作会社へ発注するのが当たり前でした。何かの集客媒体を使うにも、広告代理店を通すということが当たり前だったのです。まさか、こんなにまでプロ、アマチュアの差がなく平等に集客に取り組める世の中になるとは思いもしませんでした。

しかし、さまざまな選択肢があるからこそ、逆にどのような方法を取っていいのか決定打がなく、右往左往している姿もしばしば見かけるようになりました。

私のクライアントも、さまざまなツールが出るたびにこれを使ってみようあれを使ってみようと、いろいろと試しています。経営者は勉強熱心な方が多く、セミナー等に参加されて、いろいろな情報を得て来られます。また業者が、新しいツールがあるたびに、「これからこのツールが流行りますよ」ともちかけてきます。とくに自分の知らない方法を知ると、どうしても興味が出て試したくなるものです。

もちろん、いろいろなことを試してみることは、それによる気づきもあるのでよいことです。しかし、そのために方向性が定まらないまま、無駄に労力をかけていることもよくあります。隣の芝が青く見えるように、目新しいものの方が優れているように見えるのです。労力だけならまだいいのですが、相当なお金を無駄に使ってしまいドブに捨ててしまうこともあります。しかも、お金をドブに捨てているにもかかわらず、そのことを検証することもないままで気がつかないことすらあるのです。

こうなってしまうと、いろいろな気づきも得られないままで、また次のテクニック、また次というように際限なく手を出してしまうということも見られます。あるいは、いろいろなテクニックが次から次へと現われるので、集客に疲れてしまったという声もしばしば聞きます。

本書では、いろいろな集客手段が自由に使えるからこそ、集客を考える上での普遍的な基準となる「一本の柱」を提案していきます。

誰もが集客のプロと同じツールが使えて、同じような取り組みができるからこそ、振り回されない自分軸を作るために、プロがどのようなことを考えて行動しているのかを会得していただきたいと思います。

集客のプロとアマチュアの違いは「再現性のある型」を持っていること

集客のプロというと、どのようなイメージをお持ちでしょうか。誰もが初めて目にするテクニックと斬新なアイデアを使い、世間で噂になるような話題を作る。斬新な企画がヒットして、経営がV字回復する。そういったイメージが強いのではないでしょうか。テレビの経済番組で取り上げられるプロフェッショナルたちは、ほとんどが華々しい実績を掲げて『驚きの手法』を公開しています。

集客のプロのことを語る前に、まず「プロフェッショナル」というものはどういうことなのかを語らなければなりません。

私は職業柄、また経歴柄、さまざまな分野でたくさんのプロと呼ばれる人たちに出会う機会がありました。また、以前は空手教室の指導をしていたので、いろいろ格闘技のプロの方と接する機会もありました。なかには世界のチャンピオンクラスの方とも親しくさせていただきました。テレビの中で見る彼らは、とても華々しい活躍をしています。格闘技の試合を見ると、派手な一発の攻撃で相手を倒し、ファンの方へのアピールをしています。しかし、その裏のトレーニングシーンを見ると、派手な攻撃の練習よりも、地道にミットを打ち込む練習であったり、少しずつ身体を作っていくようなトレーニングであったりします。

そこで感じたものは、プロの基本レベルの高さということです。プロとアマチュアの差は、何かまったく別のことをやっているわけではなく、徹底的に基本を貫いています。そのレベルの高さが、プロというものを支えているということを認識しました。またプロというものは、自分の成功パターンについての法則性を自分自身で認識し、再現性を持って仕事に挑めるということを実感しました。一言で言うと、プロというものは「再現性のある型」を持っているということにつきます。

集客のプロも同じです。大きなヒットを生み出す過程では、さまざまな小さな成功を積み重ねています。なかには失敗も必ずあります。それらを振り返りながら、何が成功して何が失敗しているのかという分析を繰り返して、自分流の再現性のある型ができてきます。テレビや本で紹介されている成功物語は、それらのいいとこどりのようなものです。

また、珍しいからこそテレビや本のネタになるのです。言い換えれば、再現性という点から見ても「珍しい」ということは、再現するのが非常に難しいということになります。

プロとは職人です。集客のプロは集客の職人です。職人ならば、どんなときでも、ある一定水準の結果を残すことが求められます。そのような中では、再現性のある型を持っていて、状況が違ってもそれを実行できること。そして失敗したときでも軌道修正ができることが求められます。キャッチコピーの付け方、クーポン券の設定、インパクトのあるビジュアルなど、一つひとつのテクニックは誰もが知っていることかもしれません。

しかし、それらをどのような考えをもって、どう組み合せていけばいいのかを「型」として持っているのが集客のプロです。それらは案外とシンプルな法則性であったりします。

シンプルだからこそ、多くの業種でも基礎として使えるものになります。本書からその法則性をつかみとっていただけたら幸いです。

加藤　学

◆目次◆　お客を集めるプロが教える「徹底集客術」

はじめに

1章　売上昨対比１４０％アップさせた〝お客様に選ばれる理由〟を作る魅力発掘法

4章

集客成功・失敗は提供者にかかっている！売れる人財を作る教育法

5章

ライバルとの差別化を実現し、オンリーワンになる〝徹底集客〟情報発信法

8章

マスコミをとことん使い倒す！ わらしべ長者的メディア活用法

9章

新入社員を即戦力セールスマネージャーに変えたリクルート流「ヨミ表」

あとがき

装丁／高橋明香
本文DTP／マーリンクレイン

1章

売上昨対比140％アップさせた“お客様に選ばれる理由”を作る魅力発掘法

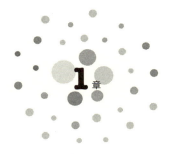

弱い部分を強化するために新サービスを開発してはいけない！

皆様は集客というと、どのようなことを行なっていくイメージをお持ちでしょうか。私はこの業界に入る前は、集客というとテレビのコマーシャルと新聞折り込みのチラシしかイメージがありませんでした。しかし実際に仕事として行なっていくと、実にさまざまな方法があります。また業種によってもさまざまな方法があります。

だからこそ、集客に取り組むときには、シンプルに思考するようにしています。あえて大雑把に言ってしまうと、「魅力を作ること」と「魅力を伝えること」の2つだけです。予約受入のために電話を用意するということや、営業時間の変更やカード払いができるようにする等、利便性の拡大というような分野もあります。これもお店の魅力づくりに含めたいと思います。

そうすると、ほとんどの集客活動が「魅力を作ること」と「魅力を伝えること」のどちらかに属していると言えます。はじめにどちらから取り組んでいけばよいのでしょうか。「魅力を伝えること」は、伝えるための魅力があるからこそできることです。ということは、まず発信するための「お客様に選ばれる理由＝魅力を作ること」から取り組んでいきます。

私が集客に取り組んでいく際に、一番最初に取り組むことは、魅力を見つけていく作業です。魅力を作るといっても、商品やサービスの改良から入ると時間も労力もかかりすぎて実現が難しくなります。そのため、すでに持っている魅力を発掘していったり、アレンジして新サービスを開発していくことに取り組んでいきます。

ではどのような観点で、魅力の発掘をして新サービスを開発していけばいいのでしょうか。私がアドバイザーとして現場に入ったときに、多くのクライアントから真っ先に求められるのが、弱点を強化したいのでそこで何かを開発したいという要望です。

ある飲食店では、年配層のお客様や、社用でのお客様が多いので、もっと若い女性のお客様を増やしたいとの相談を受けました。その店は、昔ながらの和風建築の店舗の中で、純和風のすばらしいお料理をいただくことができます。鮮魚の目利きが得意で、妥協のない食材を仕入れるだけでなく、捌いてみたときに納得のいかない素材だった場合に備えて、予備の魚まで仕入れています。当然、お値段も少し高くなりますが、その味と店の雰囲気がわかる方がお客様として来られています。

ただ、それを理解してくださるお客様層が減りつつあるので、新しい顧客開拓として若い女性が手軽に食べられる値段のランチを開発して販売したいとのことでした。

たしかに、弱点である若い女性客の開拓という点は、長い目で見たときには必要となってくることです。アドバイザーとしては否定をせずに、そこは受け入れながら集客案をアドバイスしていきます。

しかし、私が本当に着目しているのはその部分ではありません。若い女性向けランチを再優先で注力しても、周辺には競合となるレストランやカフェが数多くあります。また料理の個性という点でも活かし切れません。むしろ個性が打ち消されていくことになっていきます。小規模な店ほど、弱点を強化しようとすると、元々の個性が失われてその他大勢と変わらない体質になっていきます。それで、その他大勢のお客様が来てくだされぱいいのですが、むしろ誰からも選ばれないという結果を招くことになりかねません。

私が注目しているのは、この店が最も得意としているお客様層がどのような方で、何に惹かれてこのお店に来ているかということです。

今回のケースでは、実際に最も多く来ておられる年配層と社用での利用のお客様でした。それがどのようなお客様なのか。いったい何に惹かれて、どのような使い方でこの店に来ているのか。それを事細かく聞き取っていきました。

実際にはこれらのお客様こそが、その店の最も得意な部分を際立たせているものであり、そして売上げと利益の大部分を作っているからです。

そこをさらに徹底して掘り下げて魅力を引き出していくことで、際立った特徴のある店にしていきます。

まず、魅力を引き出すことからはじめる。しかし、弱点の強化を再優先にはしない。強い部分を伸ばして個性を際立たせる

チャンスの種は〝放っておいてもお客様が来ている〟部分にある

集客をしていくときに、最も結果を出しやすい部分はどこでしょうか。

多くの業種で、何もしなくてもお客様が来てくださるポイントがあると思います。たとえば、飲食店なら昼時12時～13時あたり。観光施設や旅館ならば、ゴールデンウィークやお盆休みなど。私のようなアドバイザーであっても、そのようなシーズンがあります。そして、「この部分は、放っておいてもお客様が来てくれるから対策は必要ないよ」という言葉を聞きます。


たしかに、この部分は通常人数の従業員では対応しきれないほどお客様が来られます。そのため、ここはこれ以上お客様に増えてほしくないと思われる方もおられるでしょう。人の確保も設備も、ピークに合わせて作っているわけではありません。一時的にですが、かなり無理をすることになります。そこまで思わなくても、この部分はもう伸びしろがないので、何の手も打ちようがないと思われている方も多くおられると思います。

しかし、実は最も結果を出しやすいのは、この「放っておいてもお客様が来ている部分」

【チャンスの種は“放っておいてもお客様が来ている”ピーク部分】

集客ができていて伸びしろが少ない「ピーク部分」。
集客という外的要因が必要ない。
そのため、価格やメニュー等の内的要因の工夫で売上げを伸ばせる。
内的要因は直接コントロールすることができる。

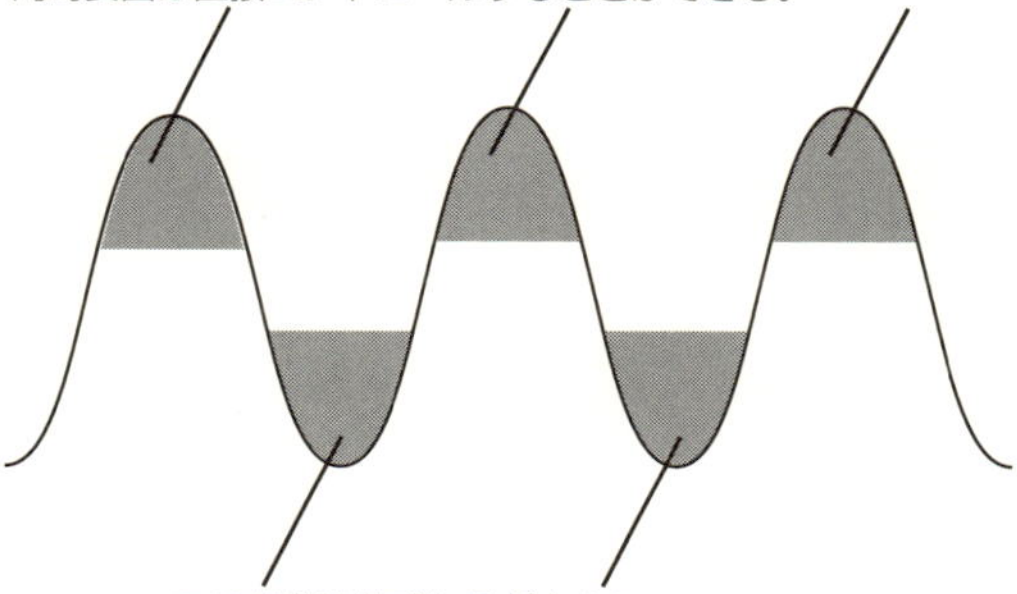

この部分は伸びしろが大きい。
しかし集客という外的要因が必要なため、
直接コントロールすることが困難。

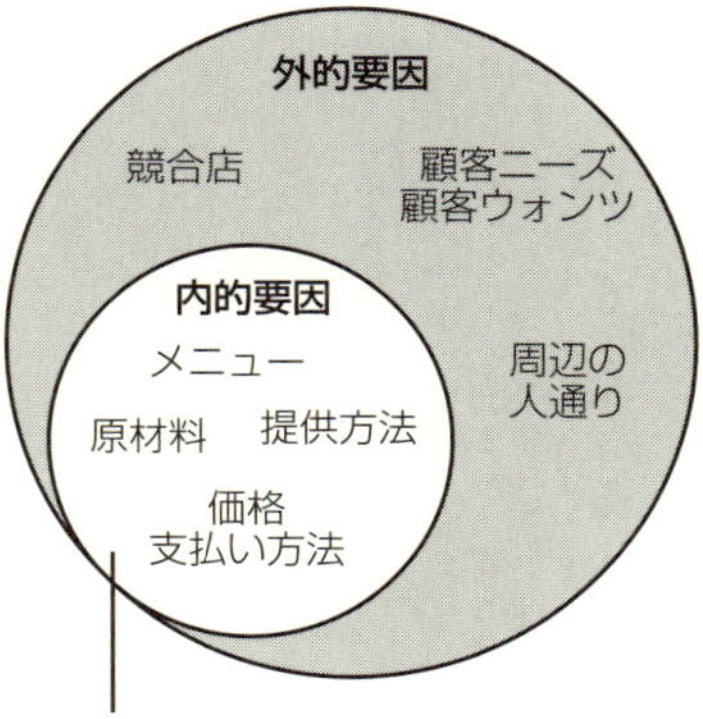

まずは、自分に近い部分から手を付ける方が近道。
この部分の対策で成功しないようでは、自分から遠い「外的要因」の対策で成功をするのは難しい。

なのです。

売上げを上げる要素には、「外部要因」と「内部要因」があります。外部要因は、文字通り外部での原因・要因によるもの。内部要因は、自社内での原因・要因によるものです。内部要因は自分自身のことなので、自分で直接コントロールすることができます。

一方、外部要因は外の環境や他人が関係するものなので、自分で直接コントロールすることができません。

では、「放っておいてもお客様が来ている」ということはどちらに当たるのでしょうか。

集客とは、文字通りお客様を集めてくる活動なので、外部にいるお客様が関わってくるものです。さまざまな情報を発信したり、魅力を作り出したりして、お客様を間接的にコントロールしようとするものです。集客は外部要因なのです。放っておいてもお客様が来ているということは、外部要因の部分はすでに問題がなくなっているということです。ということは、内部要因を工夫するだけで大きく売上げや利益を変えることができそうです。

内部要因は自分たちでコントロールできる部分です。同じ忙しく仕事をするのなら、より儲かるようにした方がいいでしょう。お客様を少し減らしたいということなら、単価を上げることが効果的です。単価を上げるというと抵抗のある方もおられるかもしれません。

しかし、航空運賃やホテル・旅館の宿泊料金などは、繁忙期に価格を上げるという方法は当たり前のように使われています。

また、単価が決まっている商品を扱っているのなら、一人のお客様が追加注文できる商品を開発することもやってみてください。これを、専門用語では「アップセル」と呼んでいます。「ハンバーガーとポテト・コーラのセット」、「ご一緒に○○を」といった商品や進め方でアップセル商品を活用しているビジネスは非常に多いのです。

ただし、何でも抱き合わせで売れればよいというものでもありません。すべてはお客様のためになるということを考えるのが重要です。この商品を購入されるのなら、一緒にこの商品を購入した方が、よりお客様の満足度が上がるというものを設定します。ハンバーガーを食べるのなら一緒にドリンクがあった方がいいですよね。それならば、これをセットにしてアップセルを狙おうというように、一緒に注文することでよりお客様のためになるものを選びます。

こうした単価アップとアップセル商品の設定で、お客様が放っておいても来ている部分が、単に忙しいだけでなく、それに見合う以上の売上げと利益を生む部分となります。しかも、集客にコストをかける必要もありません。

お客様が放っておいても来ている部分に、単価アップやアップセル商品を設定する。アップセルは、セットにすることでお客様の満足度が上がる商品を設定する

ヒットの種の〝ウリ〟は既存客に聞け！

多くのクライアントと接したり、販売促進セミナーで講師をさせていただく際、私は、最初にこのような質問をしています。「皆様の店（会社）のウリは何でしょうか？」と。

こう質問をすると、多くの方が「そうですねー」と、頭の中でじっと考えておられます。このとき、セミナー等では次の質問をしています。「皆様のお店のウリがわからないという方はおられますか？」と。ここで手が挙がる方は、全体の1割程度のことが多いようです。

このように、ウリがわからないという方もたいていの場合おられます。わからないというよりも、今まで意識して考えたことがなかっただけかもしれません。

そして、次の質問をしてみます。

「では、お店のウリを何となくは感じているという方はおられますか？」

ここで、多くの方の手が挙がります。多くの皆様が何となく自分のお店で喜んでもらっていることを感じ取られているようです。とくに、いつもお客様と接している方ほど、このことを感じ取る機会が多いものです。このことを何となくは感じているのですが、それがはっきり何なのかを答えられる方は少ないということを感じます。経験的には1割程度だと感じます。

ヒットする商品を生み出すには、お客様に求められている自社のウリを活かした商品を開発する必要があります。では、どのようにして、お客様に求められている自社のウリを活かした商品を開発すればよいのでしょうか。私は集客のプロとして活動をしていますが、それでも日々勉強だと思い、さまざまなセミナーに受講生として参加します。そのときによく聞く言葉が「マーケティング」です。マーケティングとは、すごく広い意味や解釈があるので、「コレがマーケティングです」と言い切れない部分があります。ここで話したいマーケティングとは、「お客様のニーズを調査しましょう」ということです。

マーケティングには、「マーケットイン」と「プロダクトアウト」という考え方があります。マーケットインとは市場が求めているものを知り、それに対して商品を作っていくことです。プロダクトアウトとは、自分の売りたい商品を作っていき売るということです。このどちらが成功率が高いかと言うと、マーケットイン＝市場が求めている物を売るということだとは感じていただけるかと思います。なかには、アップルのようにプロダクトアウトの会社もありますが、これは非常に少数です。

では、お客様が求めているものを知るためにはどうしたらいいのでしょう。セミナー等でよく聞くのは、「市場のデータを調査しなさい」ということです。たとえば、20代・30代・40代という年齢別、地域別、生活スタイル別などで分けて、それらの方がどのようなものを求めているか。または、こういった商品に対してどのような印象を持っているかを調査するのが必要ということです。

年代によるニーズや消費額、男女による違い、地域別でのデータなど、昔から市場調査が行なわれてきました。ここ最近では、たくさんの個人データの集積から、より正確な大きな市場の動きを見ることができる「ビッグデータ」と呼ばれるものも注目をされています。そこには、まだ見落としているニーズがきっとあるでしょう。それらをつかんで、新たな商品やサービスを開発すれば、必然的にヒットすることになるように思われます。

現代のように、データが綿密に分析される世の中であり、それらのデータを比較的簡単に入手できるようになっているのなら、もっとヒット商品が生まれる確率が高いはずです。しかし、現実にはこれほど分析できるデータが増えたにもかかわらず、結果は以前とそれほど大きく違いはありません。これはなぜでしょうか。

実は、「自社の商品を売るためのお客様のニーズを知る」ということに対して、たくさんの見落としがあります。実際に商品を購入するときには、購入先の店の立地、駐車場の入りやすさ、店の看板、接客、商品メニュー、その他諸々の要因によって決められています。市場調査データは、こうしたたくさんの「自社独自の要因」までを含めて調査をされているわけではありません。

では、それらを確実に知るためにはどうしたらよいのでしょう。その方法は、自社に「実際に来られているお客様」を徹底的に調べることです。実際に来られているお客様を調べるということは、「自社独自のさまざまな要因をすべて踏まえて調査する」ということになるのです。すべての要因を含めて、現在買ってくださっているということは、そこに必ず理由があるからです。その理由を探り出すことが重要なのです。だからこそ、ウリは既存客に聞けということを、私は一番最初に行なう市場調査と位置づけています。

最初に行なうのは、既存客の徹底調査。今現在実際に来ているお客様を徹底的に調査することで、自社独自の集客要因を知ることができる

支持されているウリを店内アンケートで掘り起こす方法

ここまでで、ウリを見つけるためにはまず近い部分から調査=今現在来ているお客様を調査することが、最初に行なうことだという話をしました。では、どのようにして調べていけばよいのでしょうか。

私自身、現場で実際に行なっていることは2種類あります。ひとつ目は、お客様にアンケートをとることです。単純に直接聞いてしまうということです。2つ目は、ある特定のお客様を想定して、その方がなぜ自社の商品を買ってくださっているのかを調べていくことです。

どちらも非常に単純なことですが、突き詰めて考えると見落としている点や陥りやすい失敗事例もあります。これから一つひとつ、やらなければならないことや失敗事例を交えてお伝えしていきます。

まずはひとつ目の、お客様にアンケートをとることについてです。お客様アンケートを行なっている会社や店はたくさんあると思います。では、そのアンケートの内容はどのようなものになっているのでしょうか。多くの店に行ったときに、お客様アンケートが設置してあると、私はそのアンケート内容をチェックします。

よく見られるアンケートが、項目を5段階で評価するようになっていて、最後にフリーコメントを書き込むタイプのものです。店の雰囲気、料理の味、商品の使い心地、接客などの項目がよく見られるものです。アンケートというものは、目的達成のために、得たい情報から逆算して設計するものです。5段階評価で設計されているアンケートの多くが、「品質評価」に対する情報が得られるものとなっています。そのため、このタイプのアンケートでは、自社のウリを知るための情報は収集しにくいのです。

私はこれを知るために、フリーコメントで記載してもらうようにアンケート設計を行ないます。質問項目は商品によって異なるのですが、このような質問を設定します。

「他にも同じようなタイプのお店がある中で、どのようなことがよいと思われて、当店をお選びいただきましたでしょうか」

お店という部分が居酒屋なら「居酒屋」と置き換えます。カフェならば「カフェ」と置き換えます。それは当然のことと思われるでしょうが、この置き換えにも考えがあってのことです。この置き換えの内容によって、居酒屋として比較してもらうのか、お酒を出すお店全般として比較してもらうのか等、比較検討する範囲を限定するのです。

ところが、この方法の難点は、5段階評価でのアンケートと比較して、書く量も多くなり考える量も多くなります。そのため、しっかりと記載してくださる方は少なくなります。そのために2つの工夫を施します。

ひとつ目は、お客様が考えやすく書きやすいように、例文を記載してあげることです。「例：◯◯の辺りのカフェを探していましたが、このお店の◯◯がおいしいのと、1席ずつ仕切られている個室感が好きで選びました」

上記のように具体的に内容を書いてあげることで、お客様の頭の中に情報を整理するフレームを作り出します。

もうひとつの重要ポイントは、このアンケートを記載することによって、お客様には何らかの特典があるということです。

よくあるものが、アンケートご記載の方への割引券プレゼントやサービス等です。私の経験上、このプレゼントは全員がもらえるわずかなものよりも、一部の人がもらえるプレミアムなものの方が、記載していただける効果が高いと感じています。たとえば、旅館で行なった事例では、「宿泊料金5%引き」よりも、「ペア無料宿泊券プレゼント。3ヶ月に1回抽選」

の方がアンケート回収率が高かったのです。さらにお客様も裏を読んで、役に立つ情報を提供すると抽選に選ばれやすいという予測からなのか、内容をしっかりと記載してくださいます。

このようにして、他の同じようなタイプのお店がある中で、どのようなことがよいと思われて、自社を選んでいただいているのかを知ることを、お客様アンケートによって情報を得ることができます。

アンケートを設計する際は、最初にゴール＝得たい情報ありき。そして、それを知るための質問事項の設定。答え方の誘導。しっかりと答えてもらうための動機付け。以上の４段階での設計が大切

わずか60分! 圧倒的に支持されている強いウリを探し出す方法

2つ目の方法は、ある特定のお客様を想定して、その方がなぜ自社の商品を買ってくださっているのかを掘り下げていくことです。この方法は、どのクライアントに訪問した際にも行ないます。また販売促進セミナーでも毎回使っている手法です。私もこれまで、カフェ・居酒屋・料亭・旅館・お土産物製造販売・旅館・ホテル・研修所など多くの業種を経験させていただきました。その経験から、この手法で得られる結果にはかなりの信頼性を感じています。また、思わぬ解釈違いでの落とし穴にもたくさん遭遇しました。さまざまな業態で実行する機会をいただいたおかげで、この手法の方法論がずいぶんと鍛えられてきました。それらの失敗例も含めて、お伝えしたいと思います。

お客様が、なぜ自分の店に来てくださっているのか、なぜ商品を買ってくださっているのか。漠然と感じていることが、ある特定のお客様を想定することで、はっきりとイメージしやすくなってきます。ここでは、このような質問から入ります。

「自社にとって最もよいお客様を数名挙げてください」

【圧倒的に支持されている強いウリを探し出すペルソナ分析】

自社にとって、最も売上・利益に貢献して下さっている客層から、
最もよいお客様を３名程度選び出す。
そのお客様の名前まで記載するのが理想的。

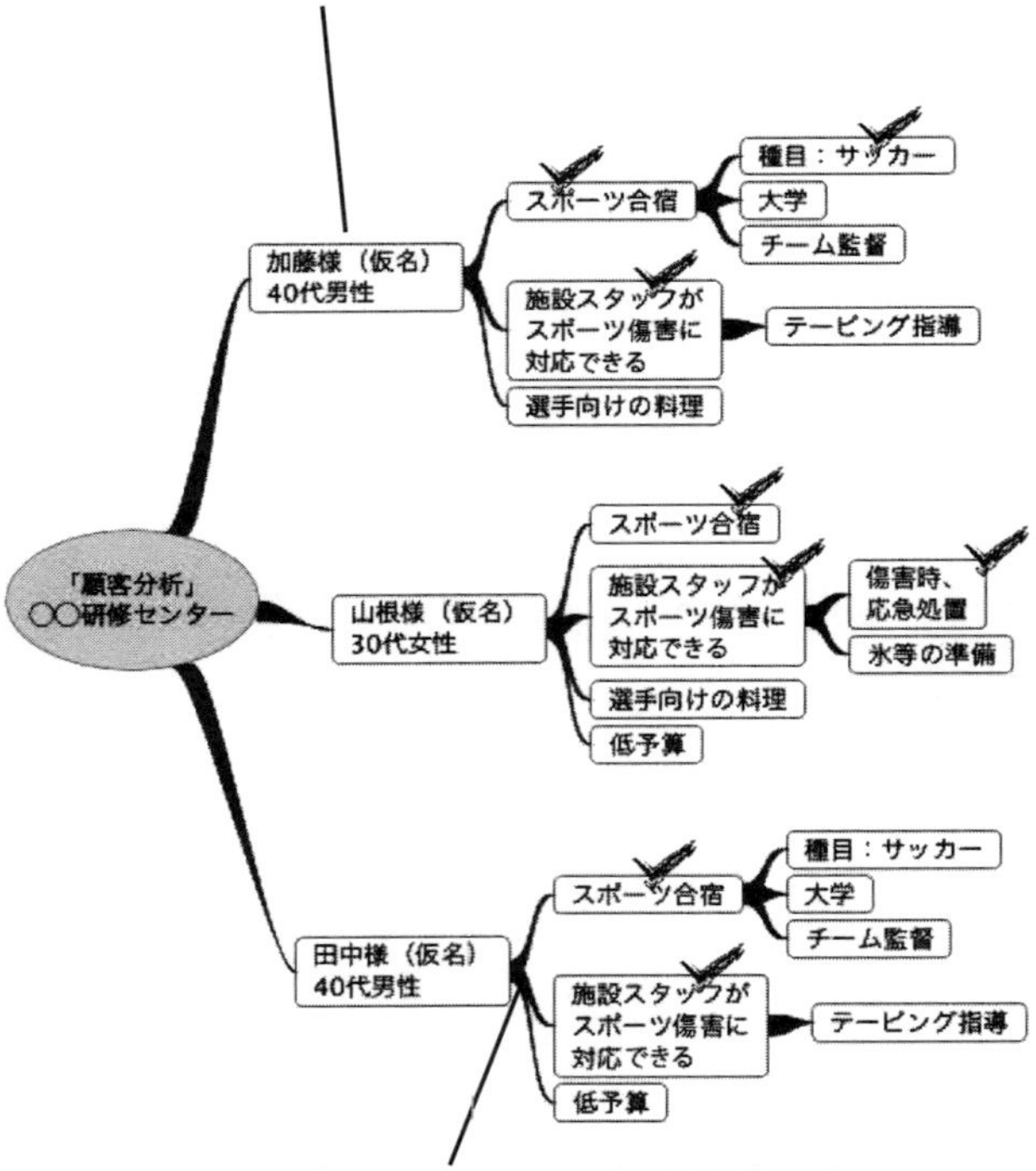

そして、その方が「他にも似たようなお店・施設がある中で、
どのようなことがよいと思われて、当店を選んでいただいているので
しょうか」という質問を繰り返し考えていく。
この中で出てきた答えの共通項こそが、支持されているウリの種になる。

例の場合は、「スポーツ合宿」「スポーツ傷害対応」が共通項として
支持されていると推察することができる。

こうして3人程度を想定して分析していきます。このように想定された人のことを「ペルソナ」と言い、このような手法はペルソナ分析と呼ばれています。

想定する人数は、あまり多すぎるとまとまらなくなるので、3～5名程度がよいと感じています。このとき、よりはっきりイメージするために、その方の実名や年齢等のプロフィールも書き出していきます。

私の場合は、外部専門家として店に入る場合も多いという事情で、情報漏えい防止のために実名を出せない場合は、クライアントの手元の紙だけに記載してもらい、私には見えないようにしてもらうこともあります。私も含めて全員が見ているホワイトボード等に、Aさん・Bさんという形で記載をしています。

そしてそのお客様が、「他にも同じようなタイプの店がある中で、どのようなことがよいと思われて、当店を選んでいただいているのでしょうか」という質問を繰り返していきます。

この質問は、前記のアンケートと同じです。こうして質問をしていくと、次々に答えが出てきます。「○○さんは、何で来てるのかな。そういえば、○○が好きだって言っていたよ」など、的が絞られることで情報が出てきやすくなります。次に行なうことは、出てきた情報を具体化するという作業です。たとえば、「雰囲気が好き」という情報が出たとします。雰囲気だけではまだ抽象的です。そこで、次の質問をします。「雰囲気というと、たとえばどんなことでしょうか」。「たとえばどんなこと」という質問をすることで、さらに雰囲気ということの中から具体的な情報が引き出されていきます。ストレートに「具体的には何ですか」と聞くこともあります。こうして、具体的な情報となるまで掘り下げることができたら、次の想定客への質問に移ります。

こうしたペルソナを立てての分析ですが、さまざまな業態の方と接しているうちに落とし穴もありました。それは、誰をペルソナに立てるのかということです。

基本的には、「今現在の売上げ・利益に最も貢献してくださっているお客様」から選びます。簡単に言うと、最も儲かるお客様層です。売上げを支えているお客様ですので、単価も必要ですが、人数も十分にいる必要があります。

これは、ある宿泊型研修センターでの事例です。そこで注力したいお客様は外国人、なかでもマレーシアからのお客様とのことでした。まだライバルも手を付けていなくて、そして外国語に長けたスタッフ揃いのその施設ならではの強みを活かせるということでした。そのため、ペルソナをマレーシア人の○○さんにしようという案が出ました。しかし、私はそこでストップをかけました。マレーシア人のお客様を集客したいとはいえ、そもそも現時点での人数が少ないのではないかと思ったからです。ヒヤリングをしてみると、売上げを支えているのは合宿のお客様とのことです。ここから最もよいお客様を絞り込む質問をしていきます。

合宿というのは、文化系/スポーツ系のどちらでしょうか。ここで、スポーツ系という答えだったので、スポーツ合宿の中で最も多いお客様はという質問でさらに絞ります。そうすると、サッカー合宿のお客様という情報が出てきました。となると、ペルソナとして相応しい方は、サッカー合宿の監督さん3名~5名ということになります。マレーシア人という観点も、新分野開拓という点ではいいのですが、優先してやることではありません。まずは、しっかりと売上げを支えている最大部分を膨らませることが重要です。

また、製造販売業の商品企画責任者とのセッションでは、このようなことがありました。「私たちは商品開発と製造の指揮をしているので、お客様を想定することができません。なぜならば、お客様に会うことがないからです」とのことでした。これではペルソナを立てることができません。しかし、商品開発を行なっている人がお客様を知らないで、何を基準に商品開発を行なうのでしょうか。お客様に求められるウリを知るということで、私とともにセッションをしましたが、この体制ではまさにプロダクトアウトの典型ではないかということを伝えました。

しかし、自社の中に販売部があるのなら、お客様と接しているスタッフがいます。その方と一緒にペルソナ分析を行なうことが必要です。社内で、実際にお客様と接しているのは誰か。経営者の方で、お客様と接しない立場にある方には必要な観点です。

このように、適切なお客様を具体的に想定して、そのお客様が他にも同じようなタイプのお店がある中で、どのようなことがよいと思われて当店を選んでいただいているのかを調査することで、次々に具体的な理由が発見されていきます。数名で行なってみると、多くのお客様に共通する内容やポイントが現われてきます。これこそが、あなたの店や会社が支持されているウリなのです。

適切なお客様を、実名やプロフィールまで具体的に想定して、そのお客様がなぜお店に来てくださったり、商品を購入されているのかを分析する。そのとき、自社にとって量・質ともに最も売上げ・利益に貢献しているお客様を選ぶ

ヒットするサービスづくりは〝偶然起こっている成功〟を意図的に再現拡大すること

ここまでの内容を振り返っていくと、売上げを上げるための魅力づくり・ウリづくりというものは、既存部分の強みを発見することに注力していることがわかります。

ここで、ひとつたしかめたいことがあります。既存部分の強みや、お客様に支持されているウリというものは、はたして意図的に組み立てていったものだったのでしょうか。引き出していく段階でかなりの思考を要することから見ても、決して意図的に組み立てていったものではないことがわかります。言い換えるなら、偶然起こっている成功と言えるのではないでしょうか。

ビジネスが成り立っているということは、必ず何らかの理由があります。もし集客0、売上げ0円であったのなら、すぐに倒産してしまうはずです。昨年よりも経営が悪化している、集客・売上げが減っている場合でも、それなりに成果は出ているはずです。そうしたところも細かく観察していくと、何も意図していないのに偶然成功している部分があるものです。

次の事柄は、宴会利用で数十人単位で来られるお客様を集める営業マンと、セールスミー

【偶然起こっている成功を意図的に再現拡大する３ステップ】

営業担当者と私とのミーティングでの会話の例

①偶然起こった成功事例

営業担当者

ラッキー♪

今回は偶然申し込みがあって、売上げが伸びたんです。
とくに何もしていなかったんですけどね。
向こうから電話がかかって来て申し込みになっちゃいました！
「棚ぼた（棚からぼた餅）」受注でしたねー！

私：「棚ぼた」ですか！よかったですね。
棚ぼたって言われますけど、何か仕掛けはしてたんじゃないでしょうか？

②成功までの行動や要素を棚卸し

いや、とくに何もしてないですよ。
本当に棚ぼたでしたよ！

営業担当者

うーん…

私：では、まったく知らない方から突然連絡があって申し込みになったんでしょうか。

いえ、知っている代理店ですよ。
たまに電話をしてご機嫌伺いをしているんですよ！

私：そうなんですね。最近ではいつお電話をしてどんなお話をされましたか？

１、２ヶ月前にご機嫌伺いで電話をしました。
そのときに新しい料理メニューの完成を伝えたんです。
そのときに料理の写真がほしいっていうから、写真をメールで送ってあげましたよ！

③成功要素を意図的に再現

営業担当者

なるほど！

私：それはきっとキッカケになっているでしょう。
これからは、２ヶ月に１回お電話をして、
新しい料理メニューと写真をお伝えすることをルーチンとして行ないませんか！

それならできそうですので、やってみることにします。
他の代理店にも同じようにやった方がよいですね！

ティングを行なっていたときの話です。営業マンといっても、いろいろな顧客を訪問するという、いわるスーツを来て鞄を持って歩く営業マンというような職種ではありません。彼はふだんから店舗にいて、店の中の業務と兼ねて、宴会申し込みの処理や手配を行なっています。その方が、ミーティング時によく言う言葉がありました。「棚ぼたで2グループ入ってきました」

注目するのは、「棚ぼた」という言葉です。理由を聞いてみても、「とくに何もしていないけど棚ぼたですね」という言葉しか返ってきません。しかし、こういうところにこそ何かがあるものです。この一連の流れをまるで再現ドラマのように、起こっていることを逆に振り返って聞き込んでいきます。

そもそも、相手から電話がかかってきて予約があった。その相手は宴会などを手配している方。予約の前に、新料理の写真を送ってほしいとの要望があった。その方とはつながりがあるが、ライバル店も当然つながりがある。実は1、2ヶ月前に、ご挨拶がてら電話をして、ついでに新しいお料理のことも伝えた。

このような一連の流れがあったことがわかりました。これを棚ぼたと言っているのですが、そもそもキーマン的な人に、1、2ヶ月前に電話をしているという行動が見えてきます。そして、そこで新しい料理の情報を伝えています。
それならば、これを意図的に再現するために、1ヶ月に1回、キーマン的な方全員に必ず1本は電話をする。そして新料理の写真データをメールで送る。これを業務フローとしました。

営業マンの事例以外でも、この手法は同じように使えます。前記のペルソナ分析で出てきた、最も売上げ・利益に貢献してくださるお客様が、なぜこの店や商品を選んでくださっているのか。

この場合でも、意図せずに支持されているウリを、今度は意図的に新サービスとして発展させ、発信していくことで再現拡大していくのです。意図していなくても、一定の成果が出ている内容です。これを意図的に行なっていけば、必ず成果がついてくるものです。

意図しなくてもうまくいっている部分=偶然うまくいっていることを意識して探して見つける。その過程を振り返っていき、プロセスを知る。それを意図的に再現することで、偶然起こっている成功を発展拡大させる

2章

平凡な店もオンリーワンに!
自分の個性を徹底して
掘り下げて差別化サービスを開発する

山奥の店の2代目オーナーが、3時間セッションで自分でも驚くほどの差別化を実現した

ここからは、差別化・個性というお話をしたいと思います。物が溢れ返る昨今では、機能的な価値だけで絶対的な強みやウリを作ることは非常に難しいです。差があるとしたら、絶対的な価値ではなく、他と比べてどのようなところがよいかということになります。よいというよりも、どのような個性を持っているかということが大切でしょう。

これから紹介する事例は、個人で営業をしているお店や、オーナー社長がいて会社全体に社長の影響力が行き届いているようなお店に当てはまる事例です。

私のクライアントの中では唯一、ペンションという形態で個人経営の宿泊施設を運営しているお店の事例です。私にとって業態としては唯一ですが、ここで得た経験が、業態を超えて多くの店舗や飲食店で応用できる根幹となるノウハウになっていきました。

ある山奥で宿泊施設を運営する2代目オーナーがおられました。そこは広々とした高原地域で、自然が豊かでとても気持ちのよいところです。

そのお店は、「森の中の癒し宿」というコンセプトのもと、大人の寛ぎを提供する空間で

した。それを守るために、小学校高学年以上のお客様からお泊りいただくという年齢制限を設けていました。コンセプト通り、森に囲まれた宿の中でゆったりと過ごすというスタイルを好まれるお客様が集まっていました。その評価は高く、インターネット宿泊予約サイトでのクチコミ点数も、平均5点満点に近いほどの好評価です。

二代目オーナーは、親である先代から店舗を引き継ぎ、そのときに築いてきた価値観も一緒に守って来ていました。お客様のためにいろいろと気を遣い、前オーナーのときよりも、よりよくしていこうと絶えず頑張っておられました。

しかし、宿泊予約サイトでのクチコミ点数が、思ったよりもよくありません。よくないと言っても、決して悪いわけではありません。ただ、先代の頃は5点満点中で4・9点～5点満点を平均点でキープするほどの好評価の施設でした。そのときと比較すると、4点での評価が多くなってきているという印象でした。4点とは、よいと評価されていることになるので、今のやり方が間違っているわけではありません。ですが、それを5点にするためには、お客様に感動してもらうことが必要なのです。

お客様に感動していただくにはどうしたらよいのか。現在は何がよくないのか。私も一緒になってリサーチしていきましたが、これという決定的な改善要因はなかなか見当たりません。

ある日、ここから抜け出すキッカケができました。その日は、この施設の独自のウリを考えていくために、USP講習会を開催しました。「USP」とは、広告業界の用語で、U＝ユニーク、S＝セリング、P＝プロポジションの略です。ユニークとは独自性という意味です。セリングとはウリという意味です。セールスとかセールという言葉でしたら馴染みがあるのではないでしょうか。そして、プロポジションとは提案という意味です。直訳するとUSP＝独自なウリの提案という意味です。この日は、これをすべて網羅したひとつの言葉＝キャッチフレーズを作っていくというテーマでワークを進めていました。その中で、競合宿の分析をしているときに気づきがありました。

競合施設のひとつを見ると、イタリアンの料理をウリにしていて非常にわかりやすく伝わりやすいものでした。そのとき、オーナーがこのような気づきをされました。「たしかにウリとして独自性も出ているし、伝わりやすくわかりやすいと思います。イタリアに関係の深いオーナーの個性もしっかり出ています。だけど、それでもどこか腹落ちしないように感じるんです」

この「腹落ちしない」という感覚を掘り下げていきました。そうすると、なぜこの地でイタリアンなのかということに腹落ちしていない感じとのことでした。では、自分の場合はどうなのか。そもそも、自分はなぜこの地で施設運営をすることにしたのか。親から引き継いだという事情もあるのですが、それ以上にこの地で仕事をしたいという思いがあってのことです。

では、どのような思いがあってのことなのか。元々、アウトドアが大好きで、外で遊ぶのが大好き。自然が気持ちいい高原の地で、のびのびと遊びたい。そして、仕事のうえでは、お客様と一緒になって遊びたいという思いを持っていました。

そうして最終的に出てきた言葉は、「森遊びの達人」というキャッチフレーズでした。これは店舗のキャッチフレーズというよりも、オーナー個人を表わすコピーです。オーナー自身の価値観がこの一言に詰まっています。こうして言葉にしてみると、このオーナーが経営する店舗というものは、先代オーナーの「森の中の癒し宿」というコンセプトと似て非なるものだということに気がつきます。先代オーナーの癒しは、森の中にこもってゆっくりと過ごすもの。しかし2代目オーナーは、むしろ森の中にお客様と一緒に分け入ってアクティブに過ごすというもの。この価値観のギャップが、店舗のコンセプトとずれていたのです。

そこで、オーナーの価値観を元にコンセプトとサービスを作り直していくことにしました。

自分の価値観を経営に活かす「森の散歩」オーナー夫婦。
自身の価値観を「森遊びの冒険家」と表し、施設を「森遊びのできる宿」として、次々に個性的なサービスを生み出している！

そうすると、オーナー自身から次から次へと斬新なアイデアが湧いてきます。

まずコンセプトは「森の中の癒し宿」ではなく、「森遊びのできる宿」となりました。

そして「まだ誰も知らない自然へ誘う」というテーマで、森の中の絶景スポットや、星空観察スポットへの案内、秘密の釣り場での釣り体験等、新サービスがどんどん生まれます。料理の方でも、オーナー手づくりの巨大な竹の器を使った驚きの1品を付ける等のアイデアが出てきました。

オーナーがここまでどんどん斬新なアイデアを出してくるとは、私自身も驚きました。

そして、出てくるものが、すべてコンセ

プトからブレないテーマであることも驚きです。

次々にアイデアが湧いてくることに、オーナー自身も驚いていました。ここまでやると、競合宿がマネをできるレベルではありません。

正直に言って、私というプロはもう必要ないのではと思うほどに、自走していろいろなことを実行されるようになりました。

今回紹介した事例は、オーナーだけで経営している店舗の事例でしたが、小規模から中規模でオーナーの影響力が強い店や会社では、同じように展開することができます。

最近では、スタッフの個性や価値観を活かすという取り組みが多く見られます。しかし、そのスタッフも元々は、オーナーの価値観の下に集まってきています。そのため、まずはオーナーの価値観をはっきりと言葉にする。それを店舗経営の価値観の中核にする。そうすることで、オーナー自身がどっぷりのめり込んで力を注ぐことができる、独自のサービスや雰囲気が生まれます。そして、そこに合うスタッフが集まって来て、より個性を発揮できるお店になっていきます。

オーナーの基礎欲求を引き出して オンリーワンの〝自分ブランド〟を構築する

オーナー自身の個性をお店の経営に活かすと、どんどん個性的なサービスが生まれていくというお話をしました。しかし、本当に大変なことは、その個性をどのようにして引き出していくのかです。言葉で言うのは簡単なのですが、設備投資などの物理的に必要な資源等がない分、目に見えないものをコントロールすることになるので、非常に難しいのです。

私自身、これが決まるとおおよそのコンサルティングの方向性が決まったも同然になるのですが、そこに至るまでにいろいろと苦労や工夫をしながら進んで行くことになります。最初からこの話を決めようとすると、まったく前に進めなくなってしまうので、最初はありきたりの販促のチェックをします。小さな成功体験を積み重ねながら、信頼関係ができ上がってからこの話を進めていきます。しかし、ご自身で取り組まれる場合は、最初からここを決めて行ってもいいでしょう。

その前に、ひとつ解決しておかなければならない問題があります。それは、オーナーの個性を中心にして経営の価値観を作っていった場合、「独りよがり」の売り方にならないかと

【オーナーの基礎欲求を引き出し、自分ブランドを構築する】

欲求

「人間が持っている５つの基礎欲求」（出典：選択理論心理学）

力	楽	自由	愛	生存
承認	楽しさ	選択	繋がり	生存
尊厳	面白さ	時間	必要感	安全
実現	笑い	やり方	和	生活

↕

感情

５つの基礎欲求という考え方は、選択理論心理学を参考にしています。その先は私のオリジナルですが、「欲求を満たすために強く出ている感情がある」と考えて、そこを尊重します。

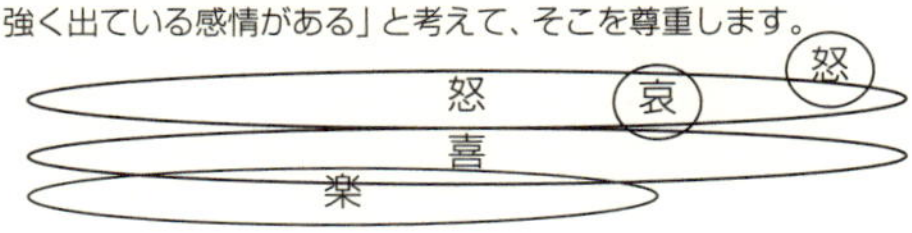

↕

行動

湧き起こる感情の結果、「意図せずに行動していて成功していること」が多くみられます。

類は友を呼ぶと言われるように、オーナーの価値観に合うお客様が引き寄せられているものです。

そのお客様はどのような方なのか、何が気に入っているのかを、聞いていきます。

↕

論理

ここからさらに深掘り。

欲求・感情にさかのぼって、そもそも、なぜ今の商売をしているのか。開業したときのキッカケやスイッチが入った瞬間を聞いていきます。

そのときも、５つの欲求のうちどの欲求が強く、どんな感情があり、どんな価値観を持っているのかを意識して聞いていきます。


出てきた価値観を表わす、ひとつの言葉を紡ぎ出していきます。

多くの場合、この言葉は社長・オーナー自身が自分で閃くことで出てきます。元々持っているものが言葉になります。

聞いていく側は、あくまでキッカケとなる言葉を与えるだけです。


価値観を表わす言葉を「自分ブランド」コンセプトとして、これからの事業展開に活かしていきます。

いうことです。下手をすると、お客様の求めているものを置き去りにして、自分のやりたいようにやっていくということにもなりかねません。基本を押さえていないと、そのようになってしまう可能性があります。これはすべての基本となる1章での話「偶然起こっている成功を意図的に再現拡大すること」につながってきます。

オーナーの個性を伸ばすという話の前に、既存客から現時点で高く評価されている部分があるかどうかということを必ずチェックしています。オーナー自身が個性を言葉にしていなくても、ある程度無意識で行なっていることがあります。お店の雰囲気づくり、メニュー、お客様との会話など、意図的でなくとも個性は出ているものです。類は友を呼ぶというように、そこに対して合うお客様が少なからず反応して来ているものです。そういったお客様から評価されている部分があるのか。これがない場合は、根本的に変えていく必要がありますが、そもそも商売に向いていないという話にもなってしまいます。

オーナーの個性を中心にして経営の価値観を作るといっても、偶然起こっている成功を意図的に再現拡大することには変わりありません。言い換えれば、「無意識に起こしている成功を、意図的に再現拡大することです。お客様ありきで見ているという点は忘れないでいただきたいです。

では、どのようにしてオーナーの個性を引き出していくのか。お店のこと、サービスのこと、将来目指したい姿を聞きながら、核心に迫っていきます。そのときに最初にする質問が、「そもそも、なぜこの商売をはじめられたのですか」ということです。業態・立地・開業のタイミングなど、できるだけ5W1Hで情報を引き出していきます。しかし、まだここで出てくることは表面的な場合が多いのです。さらに深掘りするときに、私は2つのことを行なっています。

ひとつは、開業のタイミング以前の経歴や生い立ちです。開業するということは凄くパワーが必要なのです。2代目・3代目であっても、店を継ぐということでも同じようにパワーと覚悟が必要です。このパワーの源を探っていきます。

具体的には、そこに至るまでの生い立ちを年表のように時系列で書き出していきます。この書き出しという行為をクライアントの目の前で行なうのですが、すごくたくさんの気づきを発見することができます。ひとつのことを見て、それに関連することや想いを、さらに連想させて考えていくことができるからです。こうして見ていくと、そもそも自分は何を求めて、何に価値を感じているのかがわかります。

前記の山奥のオーナーさんも、こうして「遊びが好きで、今もお客様と遊びたい」という気持ちで商売をしているという価値観が出てきました。

もうひとつは、人が元々持っている欲求に注目してみます。欲求といってもいろいろとあるのですが、私は「愛」「楽しさ」「力」「自由」「生存」という5つの基礎欲求に着目しています（P51図表参照）。これは、私が学んでいる「選択理論心理学」を基にしたものです。選択理論心理学では、人は自分で行動を選択していて、その基になっている要素が5つの基礎欲求とのことです。本来は、とても有効なカウンセリングの技術なのですが、私はそこまでは触れません。（出典：選択理論を学校にークオリティ・スクールの実現に向けて　柿谷正期著）

ここでは、「愛」「楽しさ」「力」「自由」「生存」の5つの基礎欲求に分けて、それぞれどの欲求が強くどの欲求が弱いのかを、いくつかの質問を通して探ります。そして、これも書き出しをして認識してもらい、そこから当てはまる価値観を引き出していきます。

たとえば私自身のことなら、「自由」の欲求がたいへん高く、次いで「力」「楽しさ」と続きます。自由の欲求が高いので、大きなプロジェクトの一員として決められた役割をはたすことよりも、自分自身の個性を活かしたプロフェッショナルな仕事をする方が、より活き活きできます。力の欲求としては、その働きが認められる＝何らかの定量的評価がしやすい方がよいと思います。

そういった欲求を基にして、自分自身が無意識に抱いていた価値観を具体化していくことができます。面白いもので、この方法で観察をすると、その人の服装・持ち物から仕事・家庭にまで影響している例を多数見受けることができます。

こうして出てきたオーナー個人の価値観を、会社づくり・お店づくりに活かしていくと、オンリーワンの個性が発揮されます。そして、それがその店のブランドづくりにもつながっていきます。ブランドという言葉は、ブランド品のバッグや腕時計などのイメージで一般に浸透していると思いますが、元々は、牧場で牛を見分けるための焼き印が発祥になっています。

つまり、本来は差のないものに、何らかの違いを付けていって差を認知させていくという行為です。それを、長期的にエネルギーを注ぎながら取り組んでいくためにも、オーナーの個性を基にして会社づくり・お店づくりをしていくことで、他店との違いを作っていくことは、戦略として有効なのです。

たった2つの質問で眠っている個性と価値が次々と出てくる!

違いを言葉にするという作業も、なかなかたいへんなものです。社会というものは言葉で成り立っていると考えています。人間の感情を言葉にして相手に伝えるし、お金というものも金額という言葉の情報です。この言葉の情報だけで、家や車を得ることができたり、また不幸な方向へ追いやられることもあります。

それだけ、言葉というものには強い力が秘められています。個性や価値を言葉として引き出すことができたら、後の章で紹介する販促や情報発信にもつながっていきます。

では、個性や価値を正確に伝えるためにはどのようにしたらよいのでしょうか。それは、できるだけ具体的な言葉を使うということです。私の行なっていることの多くが、オーナーが漠然を思い描いていることを具体的な言葉に変えていく作業です。

たとえばこんな会話をしています。

私「お店の雰囲気がお客様に評価されているんですね。たとえばどんなことが評価されているんでしょうか」
オーナー「重要文化財にも指定された、豪壮なお部屋の造りが評価されています」
私「豪壮なお部屋造りというと、具体的にはどのようなことですか」
オーナー「天井の高さや装飾など、書院造りのお部屋です。そしてこれだけの広さの部屋は周辺にはないんです」
私「広さというと、具体的にはどの位の広さなんですか」
オーナー「60人で一度に宴会ができる部屋を備えています。それだけのキャパの店は、この地区では唯一なんです」

このような会話で、感覚的に表現された抽象的な言葉を具体化していきます。この会話は、料亭での宴会を行なうお部屋についての会話でした。

ここでどのような言葉を意識しているかというと、たった2つの言葉だけです。ひとつは「たとえばどのようなことでしょうか」という言葉です。「たとえ」とは、現実に起こっている事例です。たとえば○○という言葉で、現実に起こっている事例を引き出すことができます。もうひとつは、「具体的にはどのような」という言葉です。広い・大きい・綺麗など、性質を表わす言葉が出てきた場合に使っています。広いというのは、具体的にはどのくらいなのかという質問で、性質を量へ変換しています。専門用語でいうと「定性的情報」と「定量的情報」という呼び分けをしています。量＝数字で表わしたり、他にも物体で表わしたり、場面で表したり等、具体的な言葉をどんどん引き出していきます。

今の質問は、相手の想いを聞いていく場合、評価されている点を聞いていく場合、または課題やトラブル等を聞いていく際にも、同じように使えます。

強いイメージ力と行動力を引き出すためには、具体的な言葉を使うこと。それを引き出すために、「たとえば○○」や「具体的には○○」の２つの質問を使って、事例化・物体化・定量化していくことが有効です。

ロングヒットのサービスには1本の軸“ビジョンマップ”が設計されている

オーナーの個性を基にした会社・店の個性作りに、長期的にかつ計画的に取り組むには、何らかの指針を作る必要があります。ここでは、指針の作り方のひとつをご紹介します。私自身、多くの会社や店で、この指針作りを行なっています。

この指針を作り上げていく過程で、価値観を言葉として表わし、なおかつ行動するための計画に変えていくことができます。これを、経営理念という形で具体化している会社も多いでしょう。ただ、それがすべての経営目標・戦略・戦術レベルまで一貫して活用されているかというと、そうでないところも数多く見受けられます。

どのようなやり方でも構いませんが、私の場合はまずオーナー個人の「未来のありたい理想の姿＝ビジョン」をはっきりと言葉にしていきます。これまでの個性を引き出すという作業で、オーナーの価値観を引き出していきました。

それを基にして、自分自身の、現在から未来のあり方を表わすキャッチフレーズを作っていきます。キャッチフレーズというものは、必ずそれを受け取るターゲットがいて、その人

【長期的・計画的に経営するためのビジョンマップ】

ビジョン	「夢・未来のありたい姿」 戦略を実行すれば目標が達成され、目標を達成すれば使命を成すことができ、使命を成せばビジョンが達成することができるように設計していく。
↓	
使命	ビジョンを実現するために、成すべきこと。 社会に対して提供していく使命を言葉にする。
↓	
目標	使命を成すために、達成すべき経営目標。 売上げだけでなく、事業計画目標などさまざま。
↓	
戦略／戦術	目標を達成するために行なうべき戦略／戦術。 何をやれば目標が達成されるのかを、書き出していく。

に伝わる言葉にします。この場合は、自分自身がターゲットです。だから、自分さえわかればいいのです。むしろ、自分自身しかわからなくても、「その言葉が未来のありたい姿を表わし、そこに向かうための行動のエネルギーになるか」ということが最も重要なポイントです。

　そこから逆算する形で、5段階の指針を作っていきます。ビジョン達成の計画の立て方はさまざまなものがありますが、ひとつのやり方として私の所属している日本コンサルタント協会のやり方を元にしてアレンジしている方法を紹介します。

　ひとつ目は未来のありたい姿（ビジョン）。2つ目がその未来を達成するためになすべき使命・役割を言葉にします。3つ目に、その使命を実現するための重要目標を設定します。そして重要目標を達成するための戦略を決め、戦略実行のための戦術を決めていきます。

まとめると、1未来の姿→2使命→3重要目標→4戦略→5戦術という5段階です。これを作ると、オーナー個人としての生き方に1本の具体的な柱となるビジョンマップができることになります。

これを経営に活かしていくのですが、まったく同じ階層でこれの会社版を作っていきます。オーナー個人の5段階の横に並べるような形で、会社版を作ってみてください。

そしてすべての項目が、個人のやっていくことと会社・店のやっていくことがリンクする形で設定できたらベストです。会社・店のやるべきことを達成すると、自然に自分自身のやるべきことを達成し、結果的に会社・個人共に、「未来のありたい理想の姿」を実現できる形になるようにします。

オーナー個人の、「未来のありたい姿」は自分がわかる言葉であればいいです。しかし、会社版を作るときには、社員等の仲間をまとめていくために、みんなに伝わる言葉である必要が出てきます。いずれの場合でも、その言葉を聞くと、未来へ向かうエネルギーが湧いてくることが重要です。

実際、やり方はどのようなものでもかまいません。私自身は、未来のありたい姿をビジョンと呼び、なすべきことを使命と呼んでいますが、それをひっくるめてミッションと表現している場合もあります。また、ビジョンを「夢」という呼び方をする場合もあります。いずれにせよ、私のやり方に拘る必要はありません。ポイントさえ押さえてあれば十分です。

ポイントとは、ひとつ目は「その言葉が未来のありたい姿を表わし、そこへ向かうための行動のエネルギーになるか」ということです。2つ目は「未来のありたい姿」から逆算をして計画を立てていること。3つ目は、個人の目指すことと、会社・店が目指すことがリンクしていること。この3つができているのなら、どのような形でもかまいません。大切なことは、意図的に計画的に実行するために、言葉として見える形で形にすることです。

どのようなフレームを使うのかということよりも、いかに本質となる言葉を引き出し、それを深く使いこなす方が重要です。これこそが、長期的にブレない行動を生み、自分自身のオリジナリティを作っていくのです。

3章

既存の資産を
組み合わせるだけで、
大ヒットさせる集客プランの作り方

ちょっとしたサービス開発で一組客単価5倍、粗利8倍以上の大ヒット

ここまでで、ウリを見つける方法と、オンリーワンの価値を作っていくためのビジョンマップについてお伝えしてきました。

ここからは、お客様に選ばれるための、具体的な商品やサービス開発の話をさせていただきます。

お客様に自社の商品を選んでいただくためには、魅力的な商品・サービスを揃えないといけません。そのためには、何か新しいものを開発しなければならないと思いがちです。

ここまで読み進められた方は、今ある小さな成功を探り出し、それをもっと売っていくということはわかっていただけたと思います。その考え方を、商品・サービス開発にどうつなげていくのかをお伝えします。

私自身の実績は、旅館・温泉施設が半分、飲食店・ショップ・その他の店が半分ぐらいです。その中において、多くのノウハウが成熟産業である旅館と温泉施設の集客の中から生み出されています。難しい産業の中で培ったノウハウだからこそ、飲食店や一般店へ応用展開させて集客改善によく効くのです。そのため、飲食店やショップでの成功の大元は、地方の

旅館事例であることも多いのです。今回紹介する事例は、まさに旅館の典型事例から生まれたものです。

旅館にしてもホテルにしても、部屋数が決まっていて、その部屋を利用していただくことが売上げにつながっています。これは、飲食店でいうと席数にあたります。ひとつの部屋にたくさんのお客様に入っていただくと、それだけ部屋単価はアップします。また、一人ひとりのお客様が高単価な注文をされると、その掛けあわせで部屋単価がアップします。

事例では、単価が安い場合はお一人様1万円程度×一部屋人数2名＝部屋単価2万円というものでした。この場合、お一人様単価が1万円より高くなり、一部屋人数が多くなるほど、部屋単価はアップしていきます。部屋単価の低いお客様を少なくして、部屋単価が高くなるお客様を多く集客することに成功した方法をご紹介します。

その施設の集客チャネルを分析すると、1万円×2名の「オトクな2万円プラン」での集客が非常に多く伸びていました。この単価で隙間を埋めながら、もう少し高い単価のプランを売っていくという状態が続いていました。そのため、この2万円プランを前面に出して販売を行なっていました。そうした中で、高いプランで売れているものはないだろうかと確認していくと、ひとつだけ客単価が高いうえに、件数もそれなりに売れているものを発見しました。それは、ワンフロア5室限定の「ペットと一緒にお泊りプラン」でした。このプランの場合、お客様単価は1万5千円ぐらい、そして部屋単価もペットの宿泊料金が別でしたのでさらに高くなっていました。

さて、このペットとお泊りプランのお客様、現時点でも2万円プランと比較したら2倍程度の売上げです。固定費は変わらないので、利益の倍数はもっと上です。もし、このプランをもっと高単価で、しかも一部屋人数を多く販売できたら、売上げ・利益ともにかなりアップします。

「ペットとお泊りプラン」は、実は1種類だけしかありませんでした。ペットと泊まれることが価値であり、スタンダードなお料理との組合せでした。この旅館にはさらに上のお料理プランが複数あるにもかかわらず、それを選ぶことができない状態だったのです。

ここで、仮説を立てました。ペットと旅行をするお客様は、それなりに裕福なのではないだろうか、そしてこうしたサービスのある旅館が少なくて困っているのではないだろうか、と。現時点でも、リーズナブルなプランと比較をしたら2倍程度の単価になっている。それならば、もっと高いグレードのお料理を選びたいのではないだろうか。

それなのに、お料理を選べるプランが存在しない。不思議なことに競合の施設でも同じような状態で、ペット関係のプランは稼働率を上げるために仕方なく作っているという感じでした。

さっそく試してみました。「ペットと一緒にお泊りプラン」に、お料理グレードを松・竹・梅というように組合せで増やしてみました。

その結果、実に83％のお客様が上位プランを選ばれたのです。なんと、高級な和牛プランがよく売れました。驚いたことに、和牛ステーキをペットにもおすそ分けするのだとか。しかも、ペット連れの方は家族総出でお泊りになります。ペットを連れて来るくらいなので、家には誰もいないのです。お料理が選べるペットと泊まれるプランは大当たりし、この分野のお客様をどんどん掘り起こしていきました。最終的には、お一人様2万円弱×5名様＋ペットも3匹で、部屋単価は5倍を超えるほどになり、利益も数倍です。

今回の成功は、何も特別なことをしていません。ただ、お客様に選択肢を与えたというだけのことです。その選択肢も、元々その施設で持っていた素材であり、新サービスを開発したという感覚はまったくありませんでした。ペット連れのお客様が「料理を選べないという不満」を解消するために、商品ラインナップとして、組み合わせたものを表に出しただけです。それでも、売上げ・利益ともに大きくアップさせるヒット集客プランになったのです。

実は数百のプランを電話応対でこなしている!

前記のような事例は、決して珍しいことではありません。多くの業種で応用が効くため、私はクライアントにこのような事例をお伝えして、「商品・サービスラインナップを増やしてみてください」とお願いをしています。しかし多くの場合は、「たくさんの商品・サービスを用意しても現場が混乱しそう」「オペレーティングが複雑になりそう」との懸念が返ってきます。

とは言え、商品・サービスの組合せ方を固定してしまうのは、実はおかしなことかもしれません。たとえば、ラーメン店での例を挙げると、醤油ラーメンにはチャーハン、味噌ラーメンにはチャーシュートッピング&餃子、とんこつラーメンには白ごはんと、組合せ方が決まっていたら不便ですよね。ごくたまにですが、セットメニューで上記のような組合せが固定されている店もありました。「醤油ラーメンにチャーシューをのせたいのに、何とかならないのかな」と思ったものです。

「複雑になり対応できないかもしれない」との声を聞く割には、接客の現場を見ていると、メニューにないサービスをお客様から直接要望されたり、お電話で要望を受けた場合には、その要望に案外と柔軟に対応しているのを見かけます。お客様から「○○の商品に○○を組合せができますか」と聞かれたら、元々その店にある素材の範囲だった場合、「大丈夫ですよ！」と対応しているのです。

これは、かなりの数の商品を用意している場合と同じぐらいのパターンになります。たとえば、メイン商品5種類、サブが5種類、サブその2が5種類の選択肢があったとすると、5×5×5で125ものパターンができます。これだけの数であっても、難なく対応しているのです。

これまで固定パターンで対応してきた商品・サービス以外に、もっとヒットするサービスプランが隠れていることが数多くあります。その組合せは数百パターン。そして、それに対応することができるのです。それだけに、ヒットの組合せを拾えていないということも十分にあります。まずは試してみてください。

手間をかけずに、カンタンに数百のサービスを生み出す「ジョイントプランニング法」

では、実際にどのようにして商品やサービスラインナップを増やしていくのか。さまざまな方法があると思いますが、今回はひとつの手法をご紹介します。

ここでの狙いは、組合せパターンにより「ありそうでなかった、うれしい商品」を発見し、形にしていきます。

まず、今ある商品・サービスの要素には何があるのかの、カテゴリーを書き出していきます。

たとえばラーメン店なら、「メイン」のラーメン、普通・大盛り等の「大きさ」、「トッピング」、チャーハン・餃子等の「サブ料理」、店によっては「デザート」まである場合もあります。カテゴリーでいうと、5つの要素があることになります。旅館の場合はたいへん多く、「部屋」のグレード、「料理グレード」、「別注料理」、「食事会場」、「館内サービス」、「チェックイン・アウト時間」、「予約時期（早得・直前割等）」、ざっと書き出すだけでも7カテゴリーもあります。

【ジョイントプランニング表】

要素①	要素②	要素③	要素④
メニューA	メニューA	メニューA	メニューA
メニューB	メニューB	メニューB	メニューB
メニューC	メニューC	メニューC	メニューC
	メニューD	メニューD	
		メニューE	

それぞれの要素に分解し、その中にどのようなメニューがあるのか棚卸しする。
これらの掛け合わせでのジョイントパターンは数十～数百パターンになる。
お客様が求めていて、ありそうでなかった組合せパターンをプランにする。

そして、それぞれのカテゴリーにどのような商品ラインナップがあるのかを書き出していきます。

そうすると、一覧表のような形で組合せ要素が棚卸しされるでしょう。これをすべて掛け合わせていたら、数百パターンになるということも珍しくないはずです。

次に、この中からお客様から要望の多い組合せを、売れ筋プランとして商品化します。こうしてあらためてじっくりと自店のプランを考えてみると、要望は多いのにあまり前面に出していない組合せも見つかると思います。それを前面に出すだけでも、新たな商品・サービスが販売開始されたように見えます。お客様から見たら「ありそうでなかった、うれしい商品」が登場したという見方をされることもあります。

デルコンピュータのように、セット販売が前提でありながらすべてを選択できるようにしているものもあります。その方法でしたら、お客様にとって選択できない組合せというものが生じないというメリットもあります。

なかには、「うちの商品は1種類しかない」という店もあるでしょう。店という形態でなく、営業マンが販売する商材の場合だと、商品は1種類だけということは珍しくありません。そうでなくても、カテゴリーが1種類しかないという店は多いはずです。

また、ラーメン店を題材にしてみますが、ラーメン1種類のみの店、もしくはラーメンというメイン料理が「しょうゆ・味噌・とんこつ」というように、カテゴリーは「メイン料理」という1種類で商品ラインナップが3種といった状態です。

一見すると、カテゴリーが1種類しかないので、組み合わせようがないようにも思えます。そのような場合は、商品本体以外の部分で何かないかを考えてみます。

たとえば、「商品本体」×「提供方法」×「利用シーン」×「購入個数」というように、商品本体以外にも価値を生む要素はさまざまなものがあります。

提供方法というカテゴリーでは、店のホール係が運んでくる・セルフ等の他にも、配達などの運び方であったり、5分以内に提供といった時間軸でのラインナップも考えられます。「利用シーン」というカテゴリーでは、日常での利用・何かの記念日・接待・グループでの集まりなど、シーンに合わせた付加価値を作ることもできます。「購入個数」ならわかりやすく、まとめ買いでお得・同じ商品を3つ以上注文で○○サービス等、工夫をすることで店側にもメリットのある形をとることができます。

「ジョイントプランニング法」は、自社で当たり前にやってきたことだが深く考えていなかったということを棚卸しできる効果があります。本当はサービス提供できるはずなのに、そこに盲点があり、お客様へ「不」を与えていたということをなくしていくことができます。声には上げないけれど、お客様にとって「不」と感じていることは案外多くあるものです。他の店に行ったときなどに、「この組合せがあったらいいのに」という「不」を感じたときは、ぜひメモに残してみてください。同じようなことが自分の店でも起こっているかもしれません。こうしたことを、1つひとつ丁寧に積み重ねていくことが、お客様に選んでいただける確率を上げていきます。

余談ですが、宿泊施設のインターネット予約をアップする場合、プラン数を単純に増やすことからはじめます。現在は、そういったことはしないのですが、やむを得ない場合、同じ内容なのにネーミングだけを変えて販売するということもありました。それでも、成約率が上がり売上げが大きく上がっていった例を数多く見てきました。

人間は、複数の選択肢の中から、自分に合うと思うものを選ぶことができると、安心をする性質を持っているようです。

組み合わせるだけでサービスの価値を伝えるネーミングテクニック

ここまで、さまざまな商品・サービスを作る方法をお伝えしました。作ったまではいいのですが、これをお客様に伝える必要があります。

どのようなことを伝えるのかというと、そのサービスやメニューの価値です。価値が伝わるからこそお客様に選んでいただけるのです。

では、どのように伝えるのか。それを瞬時に伝えるのがネーミングです。ネーミングの時点で、お客様が得られる価値が大まかに伝わらないといけません。

また、他の商品・サービスとの違いもわかるようにする必要があります。お客様が得たいものがそこにあるということを伝えるネーミングをする必要があります。

ネーミングとは、かなり難しいものであり、奥の深いものです。世の中を見回すと、ネーミングによりヒットしている商品もあります。短い言葉の中で、興味をひきながらその商品の持つ機能や使い方のイメージを伝える、まさにプロの技が詰まっています。

ネーミングに関して私が好きなものでよく事例に挙げるものが、小林製薬の「糸ようじ」

です。爪楊枝のような使い方で、歯の間を掃除する糸ということが短いネーミングに詰まっています。オシャレでカッコイイものではありませんが、名が体を表わしているすばらしい例だと思います。しかし、同時にここにネーミングの難しさがあるのです。

ヒットするネーミングの要素は大きく分けて4つあります。その4つとは、「機能」「哲学」「意外性」「記憶性」です。

「機能」とは文字通り、その商品やサービスがどのような機能・役割を持っているのかを表わすものです。

「哲学」は、商品・サービスに込められた想いです。この想いは人を動かす力になります。

「意外性」は、思わず注目し興味を持ってしまう要素です。

「記憶性」は、ネーミングの覚えやすさ、記憶へ留まる要素です。記憶性を高めるポイントは覚えやすい言葉であることと、何よりも短いこと、つまり情報量が少ないことです。機能や考え方をしっかりと伝えたいけれど、情報量を減らさないといけないという、相反する要素です。

よいネーミングを作ることを難しくしているのは、実はこの4要素が合わさったものが求められているからなのです。先ほど例に挙げた「糸ようじ」は、この4要素が合わさった芸術品だと思います。世の中でヒットしているもののネーミングを、この4要素に当てはめて、どのバロメーターが高いのかを考えてみるのも、よいトレーニングになります。余談ですが、私はお笑いが好きなのですが、コンビ名等にもこうした4要素を考えたらいいのにと思います。

では、サービスやメニューのネーミングをするときには、どのようにしていけばいいのでしょうか。ここではお客様に選択肢を与えることと、この組合せがあったらいいなという「不」をなくすために、商品・サービス開発をしてきました。つまり、お客様はすでに商品・サービスにまで辿り着いているということが前提になっています。そして、その場で購入するか否かを選ぶ状態にまで来ているのです。

ということは、先ほどの4要素の中で、「意外性」と「記憶性」は弱くなってもいいのです。とくに記憶性については、その場で選んでもらうという段階なので、考えなくてもよくなります。

そうすると、情報量の制約は「記憶できる」という枠ではなくて、「すぐに読めて理解できる」という枠に収まればよいことになります。

「機能」と「哲学」が伝わり、すぐに読めるネーミング。こうなってくると、少し簡単になってきます。これを伝えるためには、基本的には先ほどのジョイントプランニングで紹介した要素をつなぎあわせていくだけでいいのです。

何かでたとえてみましょう。たとえばホテルの場合、部屋という要素×料理×その他サービス品があります。これで一例作ってみます。「最上階スイート☆ブランド和牛ディナープラン☆カクテルサービス♪」といったようになります。お客様が得たいものがこれで伝わります。このぐらいの長さなら、ひと目で読めます。他にもレストランの例でしたら、「○○和牛フィレ肉・フォアグラ&トリュフのロッシーニ風」といったようなものもできます。

ちょっと長いようにも感じますが、すでにお客様に探し当てられていて購入するか否かの段階では、記憶性の制約がなくなった状態のため、このくらいの長さでも十分役割をはたします。

探し当てている状態という例でひとつ事例を挙げると、楽天市場やｅＢａｙ等のインターネット通販では、商品名の部分がかなり長くなっています。

さらに、検索エンジンで探してもらうためのキーワードも含まれています。「ＡＩＤＡ」

の法則ではなく、頭にサーチを加えて、Search（探す）・Attention（注意）・Interest（興味、関心）・Desire（欲求）・Action（行動）の頭文字をとって、私の造語ですが「ＳＡＩＤＡ」の法則と読んでもいいと思います。

意外性や記憶性よりも、見てもらったうえで、機能を的確に伝えるということの方が、成約に結びつくからです。

まとめると、すでに商品・サービスにまで辿り着いているお客様に選択肢を与えることと「不」をなくすこと。お客様が得られる価値を伝えて、その場で購入するか否かを選んでもらうこと。

そのためのネーミングは、「機能」と「考え方・哲学」が伝わり、すぐに読めるものにします。そのための基本は、要素をつなぎあわせていくだけです。そこから、伝える順番を変えたり、語感のよい言葉で言い換えたり、省略するというアレンジを加えていってネーミングを完成させてください。

「お客様」「商品・サービス」「売り方」の組み合わせで販促戦略を生み出す方法

ここまで、自社商品のラインナップを組み合わせて、顧客ニーズを拾い上げる商品づくりについてお伝えしてきました。ここからは、その商品をどのように売っていくのか、戦略に関する考え方をお伝えしていきます。

私が販促のプロとして駆け出しだった頃、マーケティングの師匠から最初に学んだのがこれからお伝えする方法です。とてもシンプルでわかりやすいものでありながら、いまだに使い続けられるとても優れた方法なので、ぜひ習得してください。

その方法とは、販促に関わる「お客様」「商品・サービス」「売り方」というたった3つの要素を、次ページの図のように3つの円として重ねあわせるだけで、7つの基本的戦略が考えられるというものです。この方法は、自社の内部を分析することでできるので、実行しやすい点も優れています。

商品が、よく売れている状態とはどんな状態でしょうか。

これは図の中で、「お客様」「商品・サービス」「売り方」の円が交わっている点である①の部分にある状態です。お客様に対して商品が合っていて、なおかつ売り方が適切であるた

【3つの分析から7つの販促戦略を導き出す】

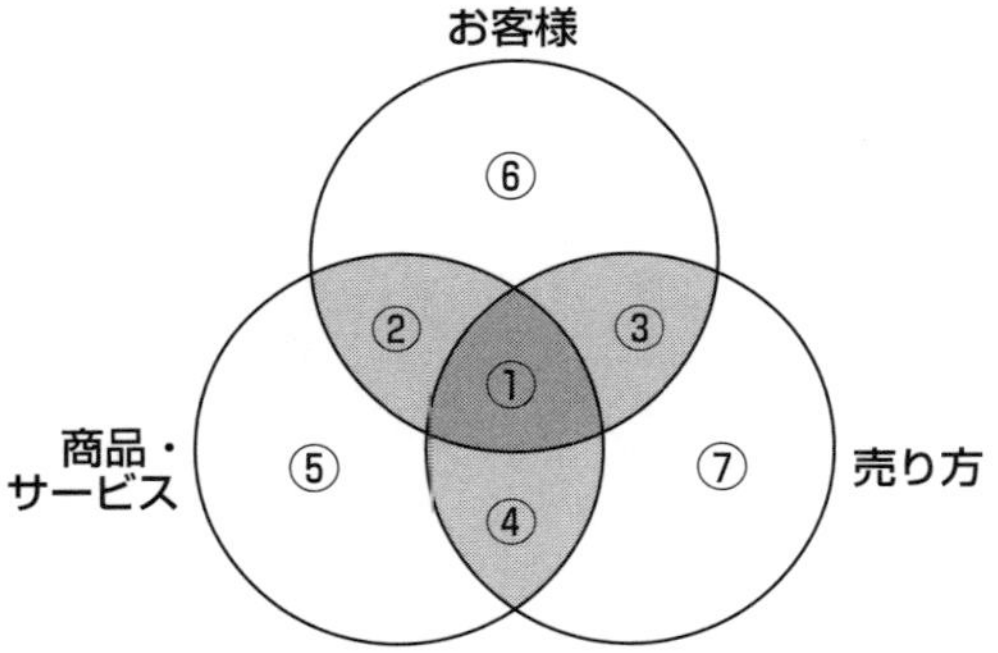

「お客様」「商品・サービス」「売り方」の交わりから販促戦略を広げていく。師匠から最初に学んだ方法でありながら、いまだに使い続けても古びない、原理原則ともいえる手法です。

めによく売れているのです。売れ行きが悪いということは、これら3つのどれかがズレているということです。

では、最初に何を行なっていくのか。まずは、自社の①番にあたるものは何なのかを掘り下げていってください。商売が今現在存続しているということは、何かしらの売れている商品があるわけです。それが何で、どんなお客様にどんな売り方をしているために売れているのかをしっかりと自覚してください。①番にあたる部分の掘り下げこそが、次の成功パターンを導き出します。ここを起点に、販路拡大を図っていくことを考えていきます。

次に考えるのが②番の領域です。うまく売れているお客様・商品の交わりはそのままで、「売り方」だけを変えてみます。

たとえば、これまで「売り方」はチラシで売っていた。それをＤＭに変えてみたり、クーポン券付きにしてみたり等、売り方の戦略だけを変えて試していきます。

次は、③番の領域です。うまく売れているお客様と売り方は変えずに、新しい商品を同じお客様・売り方で売っていきます。すでに既存商品で成功しているので、お客様への売り方もわかっているし、あとは商品の見極めだけですみます。今売れている商品にプラスアルファで追加商品を売る「セット売り」もこの領域にあたります。

次は、④番の領域です。今までうまく売れた商品を同じやり方で、まったく新しいお客様に売っていくことです。すでに、お客様が商品のどんなところに惹かれるのかがわかっていて、売っていくときの方法もおおよそつかめています。これを、まったく別のお客様で試してみるのです。

たとえば、今まで狙っていた地域とは別の地域のお客様を狙っていく、お客様の年齢層を変えてみることなどで広げていきます。

お客様が変わると、やり方や領域も多少変わることがあります。たとえば、地元新聞広告で集客していた場合、同じ新聞では他地域を狙うことはできません。そのために、狙っていく地域の新聞広告を使います。また、年配向け情報誌の広告で集客していた場合、若い世代を狙うのなら情報誌の種類を変えなければなりません。一見すると売り方を変えているようですが、ここでの考え方は「うまくいっているやり方」を変えないということです。新聞広告でうまくいっているのならこれを変えない。直接訪問によるセールスがうまくいっているのなら、これを変えない。大枠は変えないで、応用レベルの部分を変えていきます。

残りは、⑤・⑥・⑦番の領域です。この3つは要素的には似ているのですが、「お客様・商品・売り方」の中で、どれを中心に考えるかによって違いがあります。

⑤番の領域は、商品・サービスは変えないで、実績のないお客様に対して、試したことのない売り方で売るのです。これまで売れていた商品ですから、新たなお客様に新たなやり方で売るということも可能性がないわけではありません。

ここは、自分たちの売りたいものをベースにしながら、新たな顧客を新たな売り方で狙うわけですから、アイデアの力や商品の見きわめが重要です。ポイントは、少量で試したりする等、リスクを少なく行なうことです。

または、事前にお客様ニーズや購買方法の調査を入念に行なった上で、商品を大量生産することです。工業製品などは、商品を作るにしても設備投資が必要なので、後者のやり方を徹底して行ないます。

とくに「売り方」の領域を新たに試すということは、昨今ではさまざまなインターネットツールが誕生し、低コストで多彩な方法が検討できます。

ツールが流行するたびに、「○○で稼ぐ！」などの方法が紹介されます。他の人が使う前にいち早く試してみることで、先行者利益を得ることもしばしばあるようです。私はあまりこの手のことは進んでやりたい方ではありませんが、新し物好きな方は、これで成功事例を多々作っておられます。私の知人で、インターネット販促の斎藤元有輝先生はまさにこの分野のプロであり、新しいツールの使用方法や成果を学ばせていただいています。

自分たちの売りたい物を、低リスクで試すことを前提に考えると、これまでの制約にとらわれない面白い商品・サービスが生まれるというメリットがあります。

⑥番の領域・⑦番の領域も同じように、低リスクの範囲ならば冒険することができます。

何でも実証済みのものがよいわけではありません。低リスクの範囲ならば、面白いアイデアを、ぜひ形にして販売してみてください。

販路開拓でよくある間違いが、いきなり⑤・⑥・⑦の領域を攻めることです。お客様も商品も売り方もまったく新しくしてしまい、結局どれが成功、もしくは失敗要素なのかがわからなくなることです。これでは成功率も低くなり、ギャンブルのようになってしまいます。確実に成果を求めるのなら、まずひとつだけをズラすことです。

そのためには、①番の領域の成功を知り、次に②・③・④番の領域を攻略していくことです。またこの方法では、競合他社のうまくいっていることを分析するのにも役立ちます。うまく売れている会社は、どんなお客様にどんな商品をどんな売り方で売っているのか、ぜひ観察してみてください。

4章

集客成功・失敗は
提供者にかかっている!
売れる人財を作る教育法

人が引き起こす災い：お客様が寄り付かない店には玄関に共通の特徴がある！

この章では、繁盛店になるために最も大切なことをお伝えします。本当は、このことを1章に書きたいと思うほど、優先度の高いことです。

私は、集客のアドバイスのために、さまざまな業態の店に行きますが、集客手段以外の問題が起こっていることを何度も経験しました。とくに、個人客を相手にしている店の場合、お客様が寄り付かない店は、入口を見ただけでわかります。また、業績が傾いてきていることが、入口に現われているという事例をしばしば目にします。

あるカフェでの事例をご紹介します。このカフェは、とても先進的な取り組みをしていた店で、カフェとしての機能だけでなく、地域のサークルや教室等の人が集まるコミュニティセンターとしての機能を持ち合わせたものでした。

コミュニティセンターとは、古い言い方をしたら公民館です。オシャレなカフェが併設された、民間運営の公民館のようなコンセプトです。それらのコミュニティを持っているキーマンをカフェの会員にして、コミュニティセンターとしての利用と兼ねて、カフェの利用をしてもらうというものです。

そのアイデア、顧客獲得の方法には感心しました。また、マーケティング・コンサルタントとして著名な神田昌典さんの言う「近い未来は会社がなくなる。ＮＰＯ等の社会的活動をする団体が主になる」という話と照らし合わせて、その取り組みに先進性を感じていました。

しかし、経営という観点で見ると、どこか抜け漏れがあるようにも、直感的に感じていたものです。しばらくしてこのカフェの前を車で通ったら、入口に負のオーラが漂うようになっていました。そして、それは時間の経過とともに色濃くなっていきました。それから間もなくして、その店は閉鎖されました。閉鎖前に見た負のオーラは凄いものでした。


入口に負のオーラが表われるというのは、いったいどのようなことが起こっていたのでしょうか。お客様が寄り付かない店の共通の特徴としてとても多く見られることは、入口の整理整頓ができていないということなのです。今回のカフェの場合、入口付近に箱のようなものや、資材のようなものが置かれていました。それが段々と増えて来たのです。

私自身、車で通過をした際に一瞬見たときはそれに気がつきませんでした。ただ、何となく負のオーラを感じたのです。一般のお客様も、そこへ箱が置いてあるということを意識しているわけではありません。しかし、全体の雰囲気が崩れているのを直感的に感じ取り、何か不快な感じになり、入りにくい気持ちにさせるのです。それも「絶対にあそこに入るのは嫌だ」というほど顕在化したものではなく、何となくそう感じる程度です。ただ、それがすべてのお客様に発生したら、お客様の流れは激減してしまいます。

「なんだそんなことか！」と思われる方も多いでしょう。しかし、これは決して他人事ではありません。実は、多くの店で同様のことが起こっているのが見られるのです。

どのようなことがあるのかを、５つのパターンで実例を挙げてみましょう。ここでは玄関前というわけではなくても、お客様が来られる方向から見える面にあるものすべてを対象とします。

1.「道具が置いてある」。お客様へは必要がないのですが、業務に必要な道具が置いてあることは多々見られます。箱のようなもの、使わない備品、掃除道具、ホースなど。それらに衝立や布をかけたりして隠してあるつもりのところもありますが、これもダメな例です。道具というものは「業務に必要だし、置き場がないから仕方がない」という正当化しやすい理由を付けられます。それだけに、知らず知らずのうちに犯してしまいがちな事例として注意が必要です。

2.「清掃ができていない」。入口が汚れている店はお客様を遠ざけます。看板が汚れている、窓ガラスの汚れや粘着テープ跡、ホコリがたまっている。他にも、植え込みのゴミ、駐車場のゴミ、アプローチに雑草が無造作に伸びていたり、枯れた鉢植えがそのまま放置されていないか、などがチェックポイントです。とくに、窓ガラスの粘着テープ跡と枯れた鉢植えは、ダメだという自覚がないオーナーが多いように感じました。

3.「必要のないよけいなものが置いてある」。繁盛していない店で多く見られるのが、どこかのお土産物で買ってきたような統一感のない置物が置いてあることです。難しいのは、オーナー本人はこだわりを持って置いているということです。こだわりのディスプレイなのか、単に散らかった空間なのかを分ける明確な線引はありません。だからこそ、他人に見てもらい反応を見るしかありません。余談ですが、テレビで放映される生活苦の人の部屋って、なぜか物がたくさんあります。精神的な関連があるのかもしれません。

4.「販促物が散らかっている」。店だからこそ、販促物を入口に置くのは有効な手段です。しかし、それが散らかっているように感じられるとしたらマイナスになります。目立つように、なおかつ手入れをされた感じのあるようにしておくべきです。専用のラックを設置するなど、気を遣うべきところです。

5.「道路からのアプローチ」。道路からのアプローチとは、広い範囲ではなく、店の前の道路やお隣あたりまでと考えてください。事例を挙げると、車道から歩道を通過して駐車場へ入るタイプの店で、歩道縁石の入口に1m位の雑草が伸びていて、縁石の切れ間が見えなくなっていたことがありました。店の横まで来たら入口がわかるのですが、車の場合はそのまま通りすぎてしまいます。店の前の道路は公共の空間であり、手入れをする義務はありませんが、ビジネスをしているのですから気を配りましょう。

また、お隣の土地が荒れている場合も要注意です。「お隣の土地だから、手を出すことができない」という声が聞こえて来そうです。しかし、そこで思考を止めてはいけません。もしこれを解決したら、百万円貰えるとしたらどうでしょうか。何とかしようと考えるでしょう。

整理整頓には、人それぞれに基準のバラつきがあります。そのため、必ず基準となるものを作り、チェックリスト化して運用するのがいいでしょう。ある施設では、自動ドアの溝、観葉植物の葉の清掃までチェックリストに入れていました。観葉植物の葉まで掃除ができているのならば、他のところにも気が回っているといえるでしょう。

ここまで見てきて言えることは、すべて人＝人材が引き起こしている災いであり負のオーラだということです。集客の方法はいろいろありますが、それを支えるのはすべて「人材＝人財」です。オーナーは自分自身の教育を、そしてスタッフの教育を怠ってはいけません。私自身のコンサルティング活動の中でも、人材教育に関わる部分が半分以上を占めています。それくらい、集客には人材育成が欠かせないのです。

今さら、そのようなことを言われなくてもわかっているという声も聞こえてきそうです。しかし、身の回りのことを怠るようになると、金回りも悪くなっていくということを意識して実行していただきたいと思います。私自身も自分に言い聞かせています。「身の回りは金回り」と。

「仕事とプライベートって一体ですよ!」とスタッフに言わせた目標づくりの事例

スタッフが自発的に目標を持って、活き活きと働く職場を作っていくことは可能でしょうか。これは経営者にとってずっと続く課題のひとつかと思います。

多くの経営者が、スタッフの自発性に対して「もっと自発性を持ってほしい」と考えていることでしょう。与えられた業務はしっかりとやってくれるけれど、自分から仕事を探して責任を持ってはくれない。一方、経営者は自分で仕事を見つけて、自分で責任を持って進めていく。この行動の隔たりは何から起きているのでしょうか。経営者の方の多くが、仕事とプライベートの垣根がないのではないでしょうか。私自身も、小さいながらも自分で経営をしています。そこで感じることは、仕事=自分のための活動なのです。では、それと同じことが、スタッフさんでも実現することができないでしょうか。

私は独立する前に、情報誌でお馴染みのリクルートで働いていました。そこで出会った仲間達は、みんなが会社のためというよりも自分のために働いていました。仕事が終わっても一緒に飲みに行き、そこでもまた仕事の話で盛り上がります。しかし目先の仕事のことよりも、自分たちが成し遂げたいことについて、夜遅くまで熱く語り合っていたことを覚えています。そのときは、目先の業務とは通過点でしかなく、もっと先のことを見据えていた感覚でした。私自身も、起業をしている現在の姿を見据えて仕事をしていました。

その状態は、リクルートという場ならではとも思われそうです。しかし、今現在私が訪問をしている店でも、同じようなことが起こっています。

ある店の若手社員は、いつも通常の業務が終わってから、お客様に喜んでもらうために手紙を書いたり似顔絵を作ったりしています。毎日たいへんではないのかと思いましたが、本人は「お客様に驚いてもらうのがうれしい」と語りながら、楽しそうに仕事をしています。そして、仕事を通じて自分の身になることをいかに見つけられるかが大切だと言います。それを聞いた新入社員が、自分のプライベート時間を使ってまでやり過ぎではないかと質問をしました。そこでの彼女の答えは「仕事とプライベートは一体に感じる。自分のやりたいことや将来のありたい姿と、今の仕事との間に意味づけができるから熱中してやれるんだ」との答えでした。

そしてその会社は、今では社員のやりたいという気持ちや特技を、その施設のウリとなる個性として伸ばしていき、お客様からの評価をどんどん上げてきています。

仕事というものは、本人の興味とは関係なく、業務をこなすべきものです。しかし、本人の興味を無視して上から押さえつけるように押し付けると、モチベーションの低下と業務効率の低下が起こります。

とはいえ、興味のあることだけをやらせておけばよいという話ではありません。逆に、本人の興味をベースにして業務を任せていくと、それに付随する業務もしっかりと取り組んでくれます。そして、それを意図的に行なうこともできます。

2章でビジョンマップの話をしました。それをスタッフ用にも作ればいいのです。本人の興味や特技をベースにするので、まずは仕事を離れた「個人としてのビジョンマップ」を作ります。近い未来でありたい自分の姿とは何か。そのために何をすればいいか。その使命を全うするためにはどんな目標を達成すればいいのかを、文字として書き出していきます。

こういったことは、ふだん考える機会がないものです。だからこそ、考えて形にするのはたいへんなのですが、それでも将来の目的に対してブレない自分を作るために大切な作業です。

そして次の工程は、社員としてのビジョンマップを作ることです。その前に会社としてのビジョンマップが完成していることが必要です。会社のビジョンマップと個人のビジョンマップを並べてみてください。その間にもうひとつ、両方に共通するビジョンマップを作っていきます。これが社員としてのビジョンマップです。

たとえば、会社・店に「おもてなしで地域Ｎｏ．１になる」というビジョンがあったとします。そして個人は「人を驚かせ喜んでもらえる人間になる」というビジョンがあったとします。そうすると、その共通項として「お客様を驚かせ喜んでもらえるスタッフになる」という社員としてのビジョンが作れます。お客様を驚かせて喜んでもらえるように、いろいろなことに取り組む。それが自分のためにもなり、そして会社のためにもなっていきます。

私はビジョンマップという方法をとりましたが、他のどのような方法でもいいのです。大切なことは、個人としてのやりたいこと・ありたい姿をスタート地点とすることです。個人が自分のありたい姿を意識し、そこへ向かうための行動を考える。そしてもうひとつ大切なことは、会社としてのありたい姿と、個人としてのありたい姿の共通項を見出して「言葉にする」ことです。

それこそが、社員としての目標であり行動指針になります。それを実行する限り、会社が個人の自己実現の場になります。私はリクルート時代、上司に決まってこう言われていました。「おまえはどうしたいんだ？」と。これは、その上司だけではなく、リクルート全体の共通語のようなものでした。

問いかけるときは、個人として、社員としての目標に立ち返る。そのためにどう行動しているのか、そしてそれは効果があるのか。それを一緒に考えながら、もっとよい方法はないのかと答えを探していく。その繰り返しが、自発性のある社員を育てていきます。

何度言っても意識が変わらないスタッフにはコスチューム変更で意識を変える

スタッフを教育するのは難しいことです。そして、何度言っても意識が変わらないスタッフはどこにでもいるものです。多くの経営者がそのことを、自社特有の問題と捉えていて、その先に進むことを諦めているのをしばしば見かけます。では、そのようなとき、どうしたらいいのでしょうか。

「何度言っても変わらない」「意識が低い」とぼやく前に、まず把握しておかなければならないことがあります。それは、相手がこちらの言っていることを「理解している」のか「理解していない」のかです。理解していないから「できない」場合は、理解できるように伝える必要があります。次に、理解したうえで、「できる能力があるがやらない」のか「できる能力がないからできない」のかを見極めます。理解しているができる能力がない場合は、役割を変えるか教育して能力を付けることになります。これらを混同した状態で、直情的に叱っている方にも出会います。今回の話は、理解していてできる能力があるがやらない場合、つまり「やろうという意識」の話です。

何度言っても意識が変わらない場合、それに腹を立ててますます強い口調で叱る、また回数を多く叱るという光景をしばしば見かけます。しかし相手の方は、こちらが強い口調で伝えているほどには、意識に残っていないことがほとんどです。インプットしたところで、何も意識に残らなかったら意味がありません。こんなときには、叱る側が方法を変えるしかありません。

ひとつの方法が、スタッフの制服やスーツ等のコスチュームを変えることです。コスチュームが変われば、お客様からの見られ方が変わります。スタッフには経営者の言葉よりも、お客様からの見られ方や言葉の方が断然効果があります。そこで、理想のスタッフ像を形にしたようなコスチュームを着ることで、お客様に対して「理想像であることの約束」をすることになります。

たとえば、ラフで動きやすいポロシャツ等の服装の場合は、お客様に対してラフで活動的な印象を与えます。当然、お客様もそれをイメージして期待をします。しかし、もっと丁寧でフォーマルな対応を求めている場合、服装もフォーマルにするといいでしょう。また、スーツでも同じことが言えます。オーダーで作ったスーツに身を包むと、意識もワンランクアップしていきます。このように、見た目が変われば、自分の意識が変わってくることが多いのです。

例としてコスチュームの変更を挙げましたが、教育においてはコスチュームに限った話ではなく、もっと広く応用できます。少し話はそれますが、私はアップルのスティーブ・ジョブズのプレゼンが大好きです。「五感でインプット×ストーリー性×意外性」を持たせて印象づけてくるからです。私が忘れられないジョブズのプレゼンのひとつが、MacBookAIRの発表時のものです。ジョブズが立つステージに茶封筒が届きました。そしてそれを開けると、当時としては信じられない薄さのMacBook Airが出てきたのです。

人を動かすのがプレゼンテーションです。ならば清掃指導にも「五感でインプット×ストーリー性×意外性」というジョブズのプレゼン構造が使えるはずです。

私は、施設のスーパーバイジングも手がけています。そのときに、ある施設の清掃指導で、プレゼン構造を応用した指導をやってみたところ、劇的に意識が変わり、結果が変わったことがありました。その施設は、前回訪問した際に敷地内の清掃について指導をしました。しかし、指導をしたのにもかかわらず、翌週も同じ状態で変わりませんでした。そこで、五感で伝える方法を考えて実行してみたのです。

まず、車から降りて事務所に入る前に、その施設の敷地内を一周ぐるりと回りました。そのときに持っていたコンビニのレジ袋に、敷地内のゴミを拾い集めていきました。植え込みの中や排水溝や建物の裏側…すぐに袋いっぱいになりました。それを持って事務所へ入りました。そこにいた支配人からは、「コンビニで買い物してきたんだな」というような視線を感じました。

「支配人、お土産を持ってきました。施設内で集めたグッズですよ」。そして支配人に手渡してあげました。買い物袋というビジュアル×コンビニで買い物をしたというストーリー×実は中身はゴミという意外性。中身を見て焦って慌てる支配人。私も相当えげつないですね。しかしそれで印象づいたのでしょうか。次回以降、訪問したときはたばこの吸い殻ひとつ落ちていないようになりました。植え込みの中まで掻き分けてチェックしたのに、完璧な清掃状況でした。

人間には五感があります。言葉で叱るということとは、聴覚を通じて言語情報でインプットするという一種類だけの行為です。それに対して、コスチュームを変えるということは、視覚を通じてお客様からの見られ方という情報をインプットすることです。視覚を使って情報を伝えるというように考えると、やれることがもっと広がります。

たとえば、事務所をキレイに整頓したり、壁紙やカーペットを変えて環境を変えるということも有効です。視覚に訴える方法を考えてみると、さまざまなアイデアがもっとたくさん出てくるでしょう。

厨房のオバちゃんでも数字の話をするように！シンプルに考え、圧倒的行動力を上げる〝販促仕組化事例〟

これまでスタッフの意識について書いてきました。ここからは高い意識を持ったスタッフをどう活かしていけばいいのか、集客についてのスキルの部分についてお伝えします。お店や会社の日常業務を行ないながら、さらに集客を考えて行動に移すということは、すごくエネルギーを使うことです。そのために行動できなかったり、思うような成果がなかなか出なくて焦りを感じることもあります。

今回お伝えするのは、販促の仕組化によって自発的に行動するようになった事例です。仕組化を導入する前は「言われるまでやらない」「言われても、できない理由ばかり言う。そして、店長のみ、残業をしながら販促乱れ打ちを繰り返している」という状態でした。

そこへ、販促の仕組化を導入しました。その結果、言わなくてもスタッフが自分たちでどんどん販促を実行する、店長は少ない時間で成果を出すという成果を生み出すことができました。

その施設は、地方にあるレジャー施設です。入場料を徴収し、施設内にレストランや売店などの店があるタイプのものでした。

そこには、仕事に対する意識も高く責任感もあり、一所懸命頑張る店長がおられました。しかし、販促の行動に対しての遅さ、やったりやれなかったりという不確実さ、何よりもついてこない部下に対して店長は悩んでいました。そして、現状では優先順位なく販促の乱れ打ちという状態で、全商品を均等にアピールしていました。また、無造作に作ろうとするレストランの新キャンペーンや新メニュー等の料理。数を打つ割に結果が出ないため、レストランのスタッフもついて来ない。

さらに、結果が出たのかどうかもわからないし、そもそもどうなったら成功かの定義すらない状態でした。結果的に、リーダーだけ残業が増える、そして残業翌日は取ってつけたようなムチャぶりの販促キャンペーンがはじまります。ますますついて来なくなるスタッフという悪循環でした。

そこへ私は、販促を仕組化することを提案しました。なぜ販促の仕組化が必要なのか。販促というものは一撃必殺の魔法の手があると思われているところがあります。本を書いている私が言うのもおかしいのですが、「あなたの知らない〇〇法」や「〇〇で1千万円儲けた方法」など、魔法の一手があるかのような書籍がたくさんあります。そしてコンサルタントといえば、そんな魔法の一手を与えてくれると思われています。

しかし現実は、小さな販促を的確に泥臭く繰り返すこと。それが答えなのです。その中で大きなホームランが生まれることはありますが、それも的確に泥臭くスイングを繰り返したからこその結果です。そのためにはスタッフの方が大量に行動してもらうしかないのです。

とはいえ、人間の行動できるパワーは限られています。そのため、重要な部分に絞って行動してもらうことが必要です。では、どのようなことを行なっていけばいいのでしょうか。それはまず、その施設の売上げを支えている大きな数字の部分のみを狙って仕組み化していくことです。

今回の施設の事例では、いろいろな販路がありますが、販路別グラフを見ると大きな数字は「入場売上げ」と「レストラン飲食売上げ」の2つです。その他の部分は、全体に対しては大きなものはありませんでした。そこで、この部分のみを狙って行動するシステムを作ることが効率的だと判断しました。ポイントは、「頑張れば頑張るほど上がっていく数字」を目標として定めることです。

まずは、その売上げ要素を図式化して見える化をしていきます。

「入場売上げ」の部分を見ると、「客単価×客数」という要素から成り立っています。

すると、少し複雑な事実が見えてきました。「客単価」の部分で、実は一見客とリピーター会員客とで単価が違うことがわかりました。一言客よりも、会員客の方が入場単価が安いのです。必然的に、単価は会員さんの売上げが増えると下がります。つまり、集客を頑張れば頑張るほど、会員客が増えれば単価が下がる、一見客が増えれば単価が上がるということです。

「客単価」という観点は、頑張れば頑張るほど数字がアップする部分でないのです。一方で「客数」はどうかというと、一見客であっても会員客であっても、客数はアップしていきます。そこで入場売上げを伸ばすために、「客数」の部分だけに目標値を作りました。

そして、もうひとつの大きな数字である施設内レストランの売上要素を見ていきます。レストラン売上げも「来店客数×客単価」という要素です。客単価は、頑張って結果が出るほど上がっていきますので、問題はありません。これをひとつの目標と定めます。

もうひとつの「来店客数」という要素を見てみると、施設内レストランであるため、売上げが上がったのはレストランが頑張ったのか、それとも施設全体のお客様が増えたからなのか曖昧な部分があります。ここでは来店客数を目標にしても、行動要素が定まりません。そこで頑張って結果が出れば出るほど、上がる数字を探します。
施設に入場されたお客様がおられて、その中の一定の割合がお食事をされます。ということは、ここで結果を測定する場合は、施設入場者数に対して来店客数がどのくらいの割合なのかという「来店率」を目標に置くことができます。

こうして出てきたものをまとめると、目標は「入場者数」「レストラン来店率」「飲食単価」という3つの要素だけです。一度決めてしまうと、考えることは入場者数が多いか少ないか、レストラン来店率が多いか少ないか、飲食単価が高いか安いかだけとなります。

その結果、入場売上げが低いのなら、一見客集客の手法と会員客回転率アップの手法を使います。レストラン来店率が低いのなら来店率アップの手法として決めた方法を、飲食単価が低いのなら単価アップ手法を使います。あとは各状況に応じた、やることリストを作っておけば、何をすればいいかがすぐにわかるようになります。

その結果、的を絞った行動ができるようになり、優先順位も付けられるようになりました。全体を理解したおかげで、他のスタッフも行動するようになりました。私も驚いたのですが、食堂の調理をしている60代のオバちゃんまでが、「うちは今月来店率◯◯%だから頑張っとるでしょ！」と数字の話をするようになったのです。

プロとしてのポイントは、どこに判断基準を設定するかの見きわめです。売上げを支えている大きな販路の中で、頑張って結果が出れば出るほど「上がる数字」に目標を設定します。そして、それに達していないときにどんな行動を取ればよいのかをシンプルにわかるようにする。とにかくシンプルでわかりやすいことが、行動量を上げて結果を出す早道となります。

ド素人の新人が販促プランナーに変身する“おもしろプロモーション探し”トレーニング

集客の成功とは、小さな販促を的確に泥臭く繰り返すこと、スタッフの方が行動してくれること、これこそが答えです。そのためには、鍵となるスタッフが販促プランナーとして育つことが重要です。

ここでは、新人・ベテランの区別もなく、わずか3週間で見違えるほどに企画力が付いたトレーニングをご紹介します。これを一度行なうだけでも力はつくし、継続的に行なっていけば半年後にはかなりの力がつくことでしょう。

どのようなことを行なったかというと、雑誌や新聞・インターネット等から、「おもしろいと思ったプロモーション」を探して発表するというものです。プロモーションとは、広告であったりマスコミの記事であったり、パッケージや売場の見せ方等、商品を売るために行なっている活動全般です。

それを、週に1回見つけてみんなの前で共有をするというものです。顧問先のスタッフの間では、おもしろプロモーションという言葉を略して「おもプロ」と呼ばれていました。「今週もおもプロ見つけないといけない」と、いろいろな雑誌や新聞や店へ、意識を配っていました。その結果、3週間もしたらおもプロ発見力がかなり高くなってきたのです。その実力アップぶりには、上司も驚くほどでした。

ここでは、私が初回の2時間講習の時に行なっている方法をご紹介します。まずは、プロモーションとは何なのかをご説明します。そして、みんなでおもしろいと思ったプロモーションを、蛍光ペンで囲んでもらいます。そこで、どこから探すのかの材料を、あらかじめ用意してあげます。

私が毎回使うものは、「観光経済新聞」や「日経外食レストラン新聞」などの業界新聞です。そのお店の業界のものを使います。他には、いろいろな新商品や流通戦略などが紹介されている経済新聞「日経ＭＪ」。また、業界の雑誌や、旅行雑誌や女性ファッション誌も材料にします。そして、どの部分が面白いと思ったのかを発表してもらいます。

初回は、このように材料を提供しますが、それ以降は自分たちで自由に見つけてきてもらいます。実は私自身も、これがよいトレーニングになりました。顧問先に訪問する際、私も事例を発表するようにしていました。みんなの手本になるような事例を見つけなければ、専門家として顔が立ちません。必死になって探しまわり、さらに「これを応用するとしたらこの店ではこんなことができるのでは」という考察も添えるようにしていました。涼しい顔をして立っているのですが、水面下では懸命に足をばたつかせていたのです。楽しみながら販促力も付いてくるという「おもプロ」トレーニング。とても有効です。

5章

ライバルとの差別化を実現しオンリーワンになる“徹底集客”情報発信法

“親切”、“接客がいい”、“おいしい”という手垢のついた言葉は使っていけない！

これまでの章では、主に魅力を作る方の話をしてきました。どちらかというと、商品開発や仕組みづくりの部分です。

経営戦略には大きく分けて、「マーケティング」「人材育成」「内部開発・仕組みづくり」「財務」の４つのカテゴリーがあります。その中で、「人材育成」「内部開発・仕組みづくり」に焦点を当ててきました。もちろん、この部分がきっちりとできていることが基本になります。

ここからは、魅力を発信する方に焦点を当てていきます。上記でいうと「マーケティング」のカテゴリーに入る部分です。

では、店や会社の魅力を知ってもらい選ばれるには、どのような情報を発信すればよいのでしょうか。簡単に言うと、あなたの店や会社の魅力である「ウリ」を簡潔に伝えて興味を引き、覚えてもらって選んでもらうということです。しかし、それが簡単ではありません。

私は、この「ウリ」を発信するという題材で、数多くのセミナー講師を務めさせていただきました。そのときに集まってくださる方は、多くが会社経営者、もしくは店長クラスで販

【USPとは】

U	S	P
ユニーク（独自性）	セリング（ウリ）	プロポジション（提案）

「USP」とは、ユニーク・セリング・プロポジションの頭文字をとったもの。市場・顧客に対して「独自なウリを提案しましょう」ということです

「U」「S」「P」のうち、どれが一番大切なのかという論議が広告専門家の間でも聞かれます。しかし、どれか１つだけが大切なのではなく、３つが揃うことが大切であり、だからこそ難しいのです。例えるのなら、スロットの絵柄を３つ揃えるようなものです

売戦略に携わっておられる方です。その方々にセミナー冒頭でこんな質問をします。

「あなたの店や会社〝ならではの〟ウリを理解して一言で伝えられていますか⁉

① ウリを理解して一言で伝えている。
② 何となくだけどウリはわかっている。
③ ウリがわからない。この3つならどれでしょうか？」

こう質問すると、多くの方が②と答えられます。皆様が、何となくウリはわかっているのです。それを想定してセミナーに引き込んでいくのですが、あるとき、「①、ウリを理解して一言で伝えている」という答えを自信満々でいただきました。内心、「今日は優秀な方がおられるな」と思いつつも、「手ごわいなあ」とも感じていました。そのまま続けて「あなた

の店ならではのウリは何ですか。一言でお願いします」と聞いてみました。答えは、「うちは親切で接客がよいです」。それともうひとつ、「料理がおいしいです」というものでした。

たしかに、親切・接客がよいということや、料理がおいしいというのは強いウリです。飲食店であっても旅館や観光施設であっても、重要なポイントです。接客に関しては、すべてのサービス業で必須と言えるでしょう。しかし、こと情報発信ということになったら、これらの言葉を発信するだけでは、本当の魅力は伝わりません。ましてや、競合となる店との差別化には至らないでしょう。

では、ここでは何が問題なのでしょうか。それは、「親切・接客がいい・おいしい」という言葉は、「A店のおいしいランチ」「B店のおいしいランチ」というように、発信の主体が変わっても同じように言えるということです。また、多くの店で長年に渡って使われている、いわゆる〝手垢のついた言葉〟と言えます。よく既成品のノボリにある「味自慢」というのもその類です。このノボリが立っている店を見て、「あの店は味自慢の店なんだ！」と思う方はいないのではないでしょうか。

これらの言葉は具体性が乏しく、どのような店でも言い換えが効く言葉です。店や会社の魅力を伝えて、競合と差別化を図るためには、魅力を具体的に伝えながら、なおかつ他店では言えない言葉を発信する必要があります。つまり、独自のウリを伝えるということです。

ここで、ひとつ覚えておいていただきたい言葉があります。それは「USP」という言葉です。これは何かというと、Uはユニーク（独自）、Sはセリング（ウリ）、Pはプロポジション（提案）、それぞれの単語の頭文字を合わせたものです。広告業界で使われている専門用語ですが、柔らかな言葉で言うと「独自のウリを提案しましょう」という意味です。つまり、お客様へ〝あなたの店や会社の独自のウリ〟を伝えましょうということです。

USPとは、簡単そうに見えてなかなか奥の深いものです。私はU・S・Pの3つをすべて揃えることが、この課題の本質だと捉えています。

私が、初めてコンサルティングに入る場合も、実はこのUSPの発信を考えることから入ります。なぜならば、初めて訪問するクライアントで、いきなり商品・サービス改善やビジョンの方向性やコンセプトメイクと言っても、信頼感もないため混乱をきたしてしまうからです。そのため、魅力づくりという部分は、工程を経たうえで着手します。かと言って、販促物デザインといった末端の部分のアドバイスも本質的な改善にはならないので、これも工程を経てから着手します。

まず真っ先にやるのが、魅力を伝えるための現時点でのUSPづくりです。USPとは、経営戦略や魅力づくりと、販促物デザイン等の戦術とをつなぐ存在です。考える「頭」と、実際に動く「手足」をつなぐ「胴体」のような存在です。

ここから入っていくと、経営者の思考がどんどん深まっていくのです。そのときにあえて「親切、接客がいい、おいしい」といった、ありふれた言葉を禁止用語にします。そうすると、否応なくありふれた言葉ではない、オリジナリティのある言葉が出てきます。

機会があればスタッフを集めて、「うちの店独自のウリは何だと思いますか？ ただし、禁止用語があります（ありふれた言葉の羅列）。これ以外を使って表現してください」といって、メッセージづくりに挑戦してみてください。

"独自のウリ"をチラシで表現するだけで反応率600%以上アップした事例

独自のウリを伝えていくことの有効性を感じた事例はいくつもありますが、その中からひとつだけをご紹介したいと思います。飲食店・お菓子製造販売・お土産物屋・観光施設などの事例があるのですが、事例としてとてもわかりやすい、日帰りの温泉施設のものをご紹介します。

その温泉施設は、30分以内に行ける場所に十数個の日帰り温泉がひしめく地域にあります。ひとつの温泉地に複数の店舗があるタイプではありません。それぞれ別の温泉なので、泉質も近いものがありながらも違います。

その施設で使っている数少ない販促ツールの中にチラシがありました。印刷屋が作ったチラシで、施設の写真・概要・料金・アクセスがきちんと掲載されたものでした。プロが制作したものなので、さすがにまとまっています。しかし、まとまってはいるのですが、これといった鋭さを感じないできばえでした。チラシは周辺の道の駅等に置いてもらっているのですが、その効果は芳しくありません。あってないようなものです。

このままでは、意味をなさないチラシとなってしまいます。これを活かすためにも、まずは発信していく内容を見直していくことにしました。

先ほど出てきた、独自のウリを伝えていくことに重点を置き、練り直していきます。

私の場合、まず最初に深掘りしていくのはS＝セリングの部分、強いウリであることです。3つある中でここから入る理由は、どんなに独自性があっても、お客様に支持されていないことを発信したのでは、振り向いてもらえないからです。すごい独自性・個性のあるものでも、独り善がりになってはいけません。

ここを深掘りする際には、前半でも出てきた「ウリは既存客に聞け」という基本を守っていきます。既存客が来てくれているということは、十分に行動の動機になるだけのウリがあるのです。既存客に早速ヒヤリングしたり、既存客とよく会話をするスタッフからお客様の声を拾い上げていきます。

「温泉のお湯がすごくいい」「お湯がつるつるしていて好き」「隣の県から1時間かけて来ているほど、ここのお湯はよい」という、多くの共通点のある声が拾い出せました。私自身も、ここのウリは温泉の泉質だということは感じていましたが、あえて先入観をなくして丁寧にヒヤリングをしました。

先入観があると、自分の思っていることを裏付ける内容ばかりを拾ってしまうから注意が必要です。

「つるつるの温泉」がウリだということはわかりました。次に、これがU＝ユニークで独自のものなのかを探っていきます。独自性を出す最も簡単な方法が、No・1や一番などの最上級表現です。よくたとえられるのが、「日本一高い山は、富士山、では二番目に高い山は？」と聞くと、半数がわからないというものです。何でも一番が覚えられます。

感覚的にですが、日本全体で考えたらおそらく一番ではないでしょう。ならば県内ならどうか。私の知る限りでは、つるつるの温泉は3ヶ所あります。すべて知っている温泉なので、これらと比べたときに互角とは言えても、一番とは言い切れないと感じました。

では、もっと商圏を絞って、競合がひしめき合う「〇〇地域」ならばどうか。これならば一番と言い切れそうです。裏をとるために、温泉成分をチェックしました。くわしくは書きませんが、これが高いからという、ひとつの条件では言い切れません。ならば、自分がすべての温泉を体感で確認しようということで、温泉ソムリエの資格を持つ私がすべてをチェックしました。

その結果、一番と言い切ってもよいと判断しました。なお、私が元在籍していたじゃらんのような情報誌媒体などでは、最上級表示はできないものもありますので、そこは臨機応変に対応します。

こうした工程を経て出てきたのが、「○○地域で一番つるつる」というメッセージでした。それは独自性がありウリを十分に表わしている言葉です。これをP=プロポジション、お客様へ提案していきます。

最初は、テストも兼ねてチラシで発信していくことにしました。スタッフがワードで作った手づくりのチラシです。デザインは、プロが作ったようなまとまり感はありません。しかし、独自性があり強いメッセージ性を感じました。ある日、別のクライアントへアドバイザー訪問をしているとき、訪問先の営業マンが「おもしろいチラシを見つけた」と言って持ち帰ってきました。それが、「○○地域で一番つるつる」のチラシでした。このチラシにクーポン券を付けて、反応率を測定してみると、プロが作った元のチラシよりも6倍以上の反応をコンスタントに得られていました。

「○○地域で一番つるつる」なんてとてもプロが作ったとは思えない簡単過ぎる言葉です。しかし簡単過ぎる言葉ということもポイントです。メッセージというものは考えなくても伝わり、簡単に覚えてもらってこそ浸透していきます。

逆に言うと、すごくひねったフレーズでパッと読んだだけではわからない深い意味がある言葉というものは、文芸としてはすばらしいのですが、集客メッセージとしてはダメなのです。簡単過ぎる言葉ですが、お客様が来店する行動の動機となりうることで、他の施設では言えないことを織り込んだメッセージ発信となっているのです。

他の店舗では言えない〝独自のウリ〟を作り出す7ステップ

独自のウリであるUSPをどのように導き出していくのか。この部分にも型を持っています。

「USP」という3文字だけに、大きく分けると3つのカテゴリーがあります。その中で7ステップにまとめています。前記の事例でも出てきましたが、まず最初に【S＝セリング】、お客様に支持されているウリを見つけることから入ります。

●●● ステップ1：成功ポイントの洗い出し

今、一番成功しているポイントを探し出します。ビジネスがうまくいっている、うまくいっていない、右肩上がり右肩下がりにかかわらず、今までビジネスが続いてきたということは、続けられるだけの売れている部分があるはずです。その中から、最も成功している部分を見つけます。具体的には「売上量」に貢献し、「利益」も出ている部分を探してください。

ここで注意点があります。最も成功している部分とは、今最も評判のよい部分と必ずしも同じとは限らないということです。評判はいいけれど、実は売上全体では1％しかない、量は出ているけど儲からないということもあり得ます。

たとえば最近話題の、イスラム圏のお客様を商圏として展開するための「ハラール対応」など。目新しい分野でもあるので、その分野で活躍する料理店や食品メーカー等が話題になり、新聞で取り上げられたりします。元々がゼロだった販売チャンネルなので、伸び率もよいかもしれません。たしかに最も成功している部分と言えるかも知れませんが、ビジネス全体での売上量貢献と利益貢献で見たら、わずか数%だったりします。これまでセッションをしてきた中で、こういった部分にとらわれる事例を数多く見てきました。そういった部分にはとらわれないように気をつけて、ビジネスを支えている部分を拾い出していきます。

ステップ2：成功を支えるお客様の洗い出し

次に、ビジネスを支えている部分をどのようなお客様が支えているのかを洗い出します。

ここは、業種や店によって大きく違う部分です。常連さんが多くいてその方々が支えているという店もあれば、不特定多数でお客様を特定まではできないけれど、おおよその客層は特定できているという店もあります。

私のようなアドバイザー業のビジネスの場合は、少数の顧問型クライアントに支えられています。ここでは、できるだけ具体的にしていくことが大切です。女性客⇓20代女性客⇓◯

○○の生活をしている年収○○の20代女性客⇓20代女性の○○さん。こういったように具体的であるほど、この後の工程に役立ちます。

●●●ステップ3：お客様に選ばれる理由の洗い出し

先ほど洗い出したお客様が、なぜその店や商品を選んでいるのかを洗い出していきます。このときに、先ほどの絞り込みの状況によって洗い出し方が変わってきます。

お客様が具体的である場合、たとえば頻繁に購入してくださっているお客様の中で何人かお名前や顔までわかるというときは、それらのお客様の中から3名ほど挙げてみてください。①20代女性の○○さん、②20代後半女性の○○さん、③30代男性の○○さん、といった具合です。

そして、「他にも似たような店や商品がある中で、いったいどんなところがよくて自社の商品を選んでくださっているのか」を深堀りしていきます。大切なことは、他の方の情報は一切入れずに1名ずつ集中して行なうことです。

最も確実な方法は、そうしたお客様に直接聞いてみることです。アンケートとして聞いてもいいし、直接会話をして聞いてもいいでしょう。何らかの商品を無料提供する代わりに、モニターアンケートを取らせてくださいとお願いしてみるのも早道です。飲食店等でしたら、

「モニターとして無料でお食事をお出ししますので、うちの店についての意見を聴かせてもらえませんでしょうか」とお願いしたら、常連さんの場合はたいてい協力してくださいます。

そういった方々のお名前までは浮かんでこない場合、少し具体性が下がった状態ですが、そうしたときは、購入者層の中から最も多い客層の属性を想定します。20代女性で週末に立ち寄る、キレイ目カジュアル系の服装で、友人と2人で来られる方といったように、具体的な人物像を想定します。できれば、その方の生活スタイル・年収・価値観までを想定して、架空のキャラクターを作ってください。架空といってもデタラメではなく、数日間かけてお客様を観察して、どのような方なのかを見きわめてください。購入物・金額・目的・服装・来店時間・お連れ様・交通手段・持っているバッグ・腕時計・車など、観察できる部分はたくさんあります。

そうしてでき上がったキャラクターに対して、他にも似たようなお店や商品がある中で、いったいどんなところがよくて自社の商品を選んでくださっているのかを深掘りしていきます。

ステップ4：支持されていることの共通項を見つけ出す

こうして、最も収益性の高い商品を購入してくださるよいお客様が、支持してくださっていることは何なのかを洗い出しました。それらを見ていくと、複数のお客様で共通することが見つかるでしょう。洗い出す段階で、必ず文字にしておいてください。そうすれば、共通項を見つけ出すことが容易になります。そしてこの共通項こそが、お客様に支持されているウリなのです。それも、最もビジネスに貢献している商品を、購入してくださるよいお客様が選んでくださっている「ウリ」です。

ここまでで、S＝セリングの工程は終わり、ここからが【U＝ユニーク】独自性があるものかどうかを見ていきます。

ステップ5：ナンバーワン・オンリーワンになりライバルとの明確な違いを作り出す

あなたのお店のウリになっていることに、ライバルにはできないような独自性がある場合、これはとても強い選ばれる理由になり得ます。なにしろ、他では手に入れることができないことだからです。とはいえ、モノが溢れる今の世の中で、世界中で自社にしかできない独自性のあることなどなかなかありません。しかし、これを商圏や発信方法を絞っていったら、意外と隙間を突いて独自性を発揮できることもあります。

たとえば、そのことでナンバーワン、もしくはオンリーワンになろうという場合。地域を絞ったり業界を絞ることで、ナンバーワンもしくはオンリーワンが実現できることもあります。

前記の例では、「○○地区で一番つるつるの温泉」というように地区で絞りました。そして、自分の商圏であるその地区では、オンリーワンの存在になるように仕掛けをしました。アドバイザーである私の場合でしたら、数多くおられるマーケティング系コンサルタントの中で、地域ビジネスの集客という分野に絞っています。さらに、地域を絞るとオンリーワンになります。

このようにして、自分の商圏においてナンバーワン・オンリーワンを創り出していきます。自然に一番になるのを待つのではなく、こちらから意図的に作り出していくのです。もちろん、その裏づけとなる事実がなければいけません。

ステップ6：ライバルの主張をチェック

独自性を発揮しそれを保つためには、ライバルのチェックを入念に行ないます。先ほど決めた自分の商圏の中で、ライバルはどのようなメッセージを発信しているのかを書き出していきます。これは、付箋に書き出していったほうがいいでしょう。後で、いろいろな切り口でポジショニングをしていくためです。

では、どのような切り口でポジショニングをしていくのか。私が使っているものは、8種類ほどありますが、必ず使うものをご紹介します。まずは、「ライバルとの違い×ウリの強さ」です。机の上で、右に行くほど違いが大きい、上にいくほどウリのインパクトが強いというルールを決めて、先ほどの付箋を並べていきます。その中に自社のウリを書いた付箋も混ぜてください。自社の付箋が右上に貼れるようでしたら合格です。ウリの強さということだけに絞った場合、お客様の「痛みの強さ×願望」で、右に行くほど痛みが大きく、上にいくほど願望が強いというルールで並べていきます。

これは自社の付箋が、極端に上か右あるいは右上に寄っていたら合格です。大切なことは、ライバルの主張をしっかりと分析することです。

もうひとつチェックすべきことは、こちらの主張をライバルが打ち返せないことです。主張をライバルが簡単にマネできることを、野球にたとえて、こちらが主張を投げた球を打ち返すと呼んでいます。相手がこちらを見ただけで、相手もすぐにパクれるということでは、ナンバーワン・オンリーワンもすぐに崩されてしまいます。

ここまでで、U・Sが揃いました。最後の【P＝プロポジション】提案の部分です。

ステップ7：メッセージを発信する要素を決める

独自性のあるウリが見つかった段階ですが、これを顧客に提案してこそ現実のものになります。

提案とは、お客様へ情報を発信して伝えることです。では、どのようにして情報発信すればいいのでしょうか。

まずは、発信する情報の種類を決めます。人間には五感（言葉・ビジュアル・音・匂い・手触り）があります。これらを使って伝えていくわけです。

まずは、言葉は必須です。キャッチコピーや文章などの手段があります。次に、視覚であるビジュアルです。単に目立たせるだけではなく、独自のウリを伝える言葉から連想させるものを選びます。チラシやフライヤー等の紙媒体の場合は多くがここまでです。インターネットやテレビでは、音楽や商品を使用している音、言葉を読み上げる声などの聴覚情報も使います。匂いで嗅覚を刺激することもできます。

また、物によっては手触りや肌触りも使えます。「言葉・ビジュアル・音・匂い・手触り」とは、よく使う順番に並べました。独自のウリをどんな情報として伝えていくのかを、この五感という観点で決めていってください。

以上の7ステップで、独自のウリをどのような情報にして発信していくのかが導き出せます。

私は、ここまでの7ステップをセミナーの場では即興で行なうこともあります。深掘りの度合いは不十分ですが、参加者にこの流れを一度体感してもらう狙いがあるのです。

それでも、かなりいいレベルに達した独自のウリが出てくるので、再現性の高いステップだと感じています。

カッコいいデザインと、集客の仕掛けを入れ込んだデザインのスキルは別物

販促物や告知物を制作して情報発信を行なっていくとき、とくに地方で仕事をする際に私とぶつかり合う相手がいます。それはデザイナーという職種の方です。私たちにとっては身近な存在ですが、ファッション業界などで衣装を作る方から、車のデザインや家電製品、ポスターから看板まで、さまざまな業界にデザイナーがおられます。ここで言うデザイナーとは、広告物やパンフレット等のデザインを考えて制作してくださる方のことです。デザイナーとはどのようなことでぶつかり合うのかというと、デザインの良し悪しではありません。お客様に情報が伝わり、その後の行動に結びつける設計ができているかどうかです。

私が、現在の事業をはじめた1年目のことです。ある地域で、商工会議所の支援実績を発表する場がありました。そこでは販促物の展示会も行なわれていて、企業支援や公共のイベント支援などに使われた、さまざまな販促物が並んでいました。よくできたデザインの販促物が並ぶ中に、ひときわ異彩を放ったダサいチラシが展示してありました。独立したばかりの私が、受注して制作をしたチラシです。今では販促物の誘客設計は行なうけれど、デザインはデザイナーにお願いしています。しかし、このときは低予算の仕事であったため、私が

デザインも担当していました。展示場に来られていた他のデザイナーや専門家の方は、そのチラシには目もくれません。その光景を、われながらちょっと恥ずかしいと思いながら見ていました。実はこのチラシ、ある地域の商工会が主催したイベント告知と参加申込用のチラシで、このチラシを新聞折込みをしたところ、1日半で申込定員が満員になったものでした。同時に、大手情報誌の広告も掲載していましたが、チラシでの集客効果のほうが断然上でした。これがキッカケとなり、駆け出しの私が、クライアントの方から商工会議所の登録専門家として推薦をいただき登録されることとなりました。ダサく見えるけれど、実は集客に結びつく結果をしっかり出したチラシだということは、展示会に来ていた方は誰も気がつかないでしょう。

この企画も、元々は地域に伝わる歴史上の人物にスポットを当てて、ちょっと大人の楽しみ方を訴求するものでした。しかし、その企画を聞いたときに、「その人物は一般人には無名すぎて興味を引かない」と感じました。むしろ、イベント参加をしてから上位数名がもらえる賞品の方がうれしく感じました。そこで、イベント定員数ともらえる賞品数を計算して、「確率○○○名に1名！　○○をＧＥＴ！」というようなキャッチを付けました。そして、そのチラシに申込書を付けて、そのままＦＡＸで申し込めるようにしたのです。今回の目的はイベント参加者を集めることです。無名だけど深みのある歴史物語に関しては、現地に来てから実際に存分に楽しんでいただいたらいいのです。

広告・販促物の役割は、目的の行動をしてもらうことです。たとえば、通販広告だったら商品を注文してもらうこと、イメージ重視のポスターであっても、あるイメージを記憶してもらうことです。それぞれに何らかの目的が込められています。とくにホームページなどのインターネット媒体は、商品注文だったり資料ダウンロードだったりと、行動をしてもらうことを重視しています。お客様に対しては、行動を決断し、ある一定のことを行なってもらう。その行動をしてもらうために、十分な情報を与え、次にどのような行動をとればいいのかを迷わないように誘導していきます。

たとえば、飲食店の宴会用パンフレットの場合、まず手に取ってもらい、料理や店の雰囲気等の情報を伝え、これはよいと思っていただき、予算等を速やかに確認していただき、電話または予約ツール等で連絡をしてもらって、予約をとってもらいます。

ここまでの流れが、まるで設計図のように組み立てられています。よい販促物とは、意図した流れを高い確率で再現できるものです。

この点を意識することなく、自分がカッコイイと思うイメージだけでデザインするデザイナーが非常に多くいます。誤解なく言うと、非常によい作品を作るし、大きなヒットを生み出すということは否定しません。

ただ、顧客を行動させることと、それを実現するためのパーツについては下世話なものだという認識を持っておられる方も多いのです。その点で、よいデザインはどのようなものかという認識の相違が発生し、ぶつかり合うことが多いのです。

私の考えを簡単に言うと、商品を売るための販促物ならば、商品が多く売れたら〝よいデザイン〟、店の集客用であれば、狙ったお客様が数多く来てくださったら〝よいデザイン〟です。カッコイイと思わせたいなら、カッコイイデザインが〝よいデザイン〟です。

誤解のないように言うと、デザイナーの方々は色と意識の関係や、年代・性別等のターゲットごとに好まれるイメージは研究をされています。ただ、顧客を行動させるための設計という観点が薄いだけです。そこで私は、販促物の設計を文字ベースで行ない、「これを入れ込んだデザインをお願いします」という指示書という形で発注をしています。餅は餅屋というように、デザイン部分はデザイナーに全面的にお任せしています。最近は、マーケッターとしての目とデザイナーとしての感性を持ち合わせた方に出会う機会も多くなったので、非常に仕事がしやすくなりました。以上見てきたように、集客の仕掛けを入れ込んだデザインとは、２つの異なるスキルが融合したものなのです。

差別化と集客を実現する販促物9つのパーツ

ここでは、販促物の設計スキルをお伝えします。デザインとは別のスキルとして、販促物の設計の話をしましたが、具体的にはどのようにすればよいのでしょうか。

販促物といっても幅広く、情報を発信するもの、カッコイイというイメージを作るもの、注文や来店を促すものなどさまざまなものがあります。そのため、これが絶対の答えというものはなく、臨機応変なものです。

しかし、その中でもひとつの基本形と言えるものがあるので、それをお伝えしていきます。目的に応じて、追加したり省いたりして使ってください。

販促物では、「9つのパーツ」として設計しています。それぞれ、ひとつずつ説明をしていきます。

1　独自性を伝えるキャッチコピー・サブコピー

前項で出てきた独自のウリ・USPを伝えるための言葉です。キャッチコピーはまず一番

【差別化と集客を実現する販促物９つのパーツ】

販促物９つのパーツを入れ込んだチラシ（裏表タイプ）の一例です。

媒体の形や性質によってレイアウトは変わりますし、看板等のようにインパクト重視の媒体は、①·②·⑦·⑨のみを使用するというように、絞り込んで使う場合もあります。


私が実際に制作を行なうときは、デザイナーに９つのパーツ内容だけを伝えて、レイアウトやデザインは自由に行なってもらっています。

その際、あらかじめ９つのパーツを入れ込む指示書を使用しています。

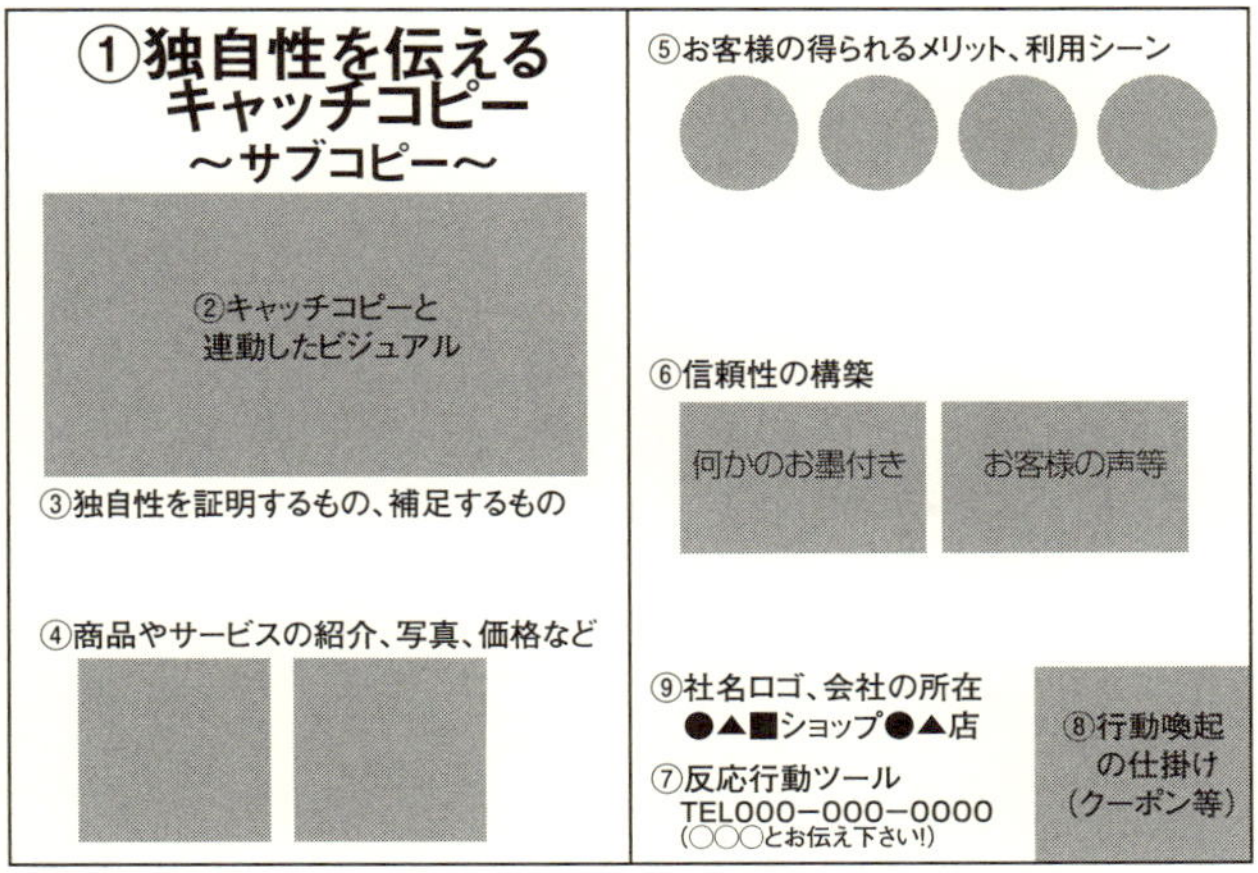

に目を引くもの、サブコピーはその補足的に使っている言葉です。

有名なところでは、「吸引力の変わらない掃除機」というような言葉で、成熟市場を切り開いたメーカーもありました。

販促物を手に取る方へ与える第一印象であり、前項で7つのステップに分けてまで作り込んでいくほど、非常に重要な部分です。言葉の内容がわかりやすいかどうか、12歳の子供にでもすぐに伝わるか。文字の形や大きさ、掲載する場所も大切です。

2　キャッチコピーと連動したビジュアル

独自性を伝えるキャッチコピーをより強く印象付けるために、言葉に連動した写真や映像を載せます。ビジュアルというのは、写真だけとは限りません。たとえば、自然食レストランの看板なら、キャッチコピーだけではなく、看板そのものが自然素材の木材でできているなど、言葉とともに連想できる視覚すべてを指します。そのため、写真・動画ではなく、ビジュアルという広い概念の言葉を使っています。たとえキャッチコピーを隠していても、ウリを連想させるようなビジュアルならすばらしいでしょう。

余談ですが、全国規模の広告賞を取ったような作品は、このビジュアルの魅せ方が非常に長けています。切り口・アイデアも工夫を凝らしてあり、右脳的には非常によいものです。

ただ、私は広告賞を取った作品を、集客ツールとしては評価をしていません。

しかし、これらにキャッチコピーを付けてみたら、すばらしい集客ツールになるので、ヒントとしています。

3 独自性を証明するもの、補足するもの

次に、独自性を証明するものや説明を載せます。事実の裏づけであったり、キャッチコピーだけでは伝わらないスペック部分、競合の商品との違いや自社にしかない理由を伝えていきます。「吸引力の変わらない掃除機」の事例でしたら、実際の吸引力推移のグラフや他社との比較を掲載します。

4 商品やサービスの紹介、写真、価格など

実際に売りたい商品やサービスの内容です。ここを忘れる方は少数だと思います。商品の情報は、できるだけ具体的である方がいいです。意外に思われるかもしれませんが、消費者が知りたい情報が載っていない場合も多々あります。

たとえば服を買おうとしたとき、サイズだけでなく素材も知りたいものです。とくに、通信販売の場合は現物を見られないからこそ、くわしい記載がありがたいのです。これは、情

報を伝える媒体によってスペースに限りがあるため、取捨選択することもあります。

5 お客様の得られるメリット、利用シーン

その商品を使うと、お客様にはどのようなメリットや効果をもたらすかを伝えます。お客様は物質がほしいのではなく、その商品がもたらすメリットがほしいのです。それを、お客様に考えさせるのではなく、こちらから伝えていきます。そのメリットを得られている利用シーンを伝えることも、メリットに対して臨場感を与えます。お客様がよく使っている言葉で伝えることも効果的です。これが非常に長けていると思うのが、小林製薬のCMです。「糸ようじ」など、実は新アイデア的な商品でありながら、ネーミング段階から利用シーンや効果が伝わります。さらに、利用シーンを見せるのもうまいと思います。

6 信頼性の構築

その商品・サービスを購入すると、これまで伝えてきたメリットが本当に得られるという信頼を構築するためのパーツです。

代表的なものとして、「お客様の声」として利用者の声を載せる手法があります。他にも、社会的信頼のある方の声や、業界権威の推薦などもあります。国が認めている資格や認定を

載せることもあります。

信頼性を演出するだけでなく、不安を打ち消すことも大切です。たとえば、1週間使用しても返品可であったり返金保証をつけたり、3年間品質保証を付ける等の方法もあります。信頼性の構築には、信頼を高めることと不安を打ち消すことの2つのアプローチを合わせて行なうのがよいでしょう。

最近は、インターネット上のクチコミがこの役割を担っています。信頼性の演出もハリボテだったらすぐにボロが出ます。まずは、本物の信頼を作ることを心がけましょう。

7 反応行動ツール

販促物を手にした方が、反応をして次の行動を起こすためのツールです。具体的には、注文するための電話番号やメール、FAX送信フォーム、ネットサイト上の予約ボタン等です。これまでの流れも、この目的行動をしてもらうための情報にすぎません。情報を購買等の反応行動に移してもらうための最重要ツールです。また、どのように行動を起こすのかを、丁寧に誘導することも有効です。

意外にも思われますが、商品がいいなと思っても、どのように注文をどこへしていいのかが記載されていない、あるいは見つけにくい販促物を数多く見ます。

8　行動喚起の仕掛け

行動をしてもらうための後押しの仕掛けです。業界では、「オファー」という呼び方をしています。

商品・サービスを気に入っていただき、そして購入する意思もある。しかし、差し迫っていない限り、今すぐ購入しなければならないという理由はありません。

もう少し検討してから、また後で、という気持ちは誰しも持ちます。何かの行動を起こすのは、少なからず壁があります。その壁を乗り越えてもらうエネルギーを与えます。

たとえば、「本日限定」だったり、「先着10名様」という緊急性の演出や、「今なら、〇〇をサービス」「もう1つサービス」というお得の演出も行動喚起の仕掛けです。

お客様は、本体の商品・サービスと行動喚起の仕掛けの、両方を合計して購入価値を検討します。「オファー」という言葉は、おまけ商品のことを指すのではなく、購入価値の合計を演出することそのものなのです。

9　社名ロゴ、会社の所在

最後に、会社のロゴマークや会社の所在を記載します。所在とは単に住所だけではなく、その会社や店の存在感を伝えるものです。

当たり前過ぎるので信じられないかもしれませんが、これが欠けているチラシやホームページに出会ったことが何度かあります。

あるコンサルティング会社のチラシでこれを見ました。キャッチコピーから行動（メルマガ登録）までの設計が非常に見事でした。しかし、このサービスを提供しているのはいったいどこの人なのかがわからないのです。ウェブサイトを見ても、同じ作りでした。よく見ると、左上に小さくアルファベットで4文字。これは社名なのだろうか模様なのだろうかと疑問に思ったものです。また、ある飲食店の宴会メニューチラシでも、店名がなかなか見つからなかったことがあります。またホームページの事例では、団体名も連絡先TEL・メールはあるのに、その団体がどこに所在しているのかがわからない。1階層下に団体紹介があり、さらに1階層下に所在地が載っていました。

当たり前すぎるからこそ、見落としのないようにチェックをしてください。

販促物を設計するときは、以上の9つのパーツを極力揃えていきます。その中で、この販促物はインパクトを与えるものだから1と2だけ、これは注文を取るから1～9まですべて、といった具合に、目的に応じて使い分けていってください。

お客様に考えさせない・悩ませない！ 0・5秒の判断で反応率を上げる

私がアドバイザーとして関わらせていただく際に、前項の9つのパーツの中で真っ先にチェックをするものがあります。それが、「7　反応行動ツール」です。商品を注文するための電話番号やメール、ＦＡＸ送信フォーム、ネットサイト上の予約ボタン等がすぐにわかるようになっているか。直感的にわかること、お客様を一瞬でも迷わせないこと、どうすればいいのと悩ませないことが重要です。

テレビショッピングやカタログ販売等の通信販売業界は、この部分にかなり工夫が凝らされています。通信で情報を投げかけているので、お客様は店員さんに聞くことができません。反応行動ツールに頼るしかありません。ここで迷ったり悩んだりしたら、せっかく購入する気になっているお客様を逃してしまいます。

たとえばインターネット販売の場合、どのページからでも注文ボタンが押せる、直感的にボタンがありそうな位置（右上あたり）にボタンを設置する、目立つ色、少ないクリック数で注文できる、注文の工程がある場合は、今どのあたりまで注文手続きが進んでいるのかを視覚的にわかるようにしてあります。新聞広告の場合は、電話のかけ方やハガキの記載事例がイラスト付で載せてあります。

他にも、チラシで住所、電話番号、ＦＡＸ番号、メールアドレスを掲載する場合。お客様の大部分が電話もしくはメールなら、この2つだけを大きく掲載すればいいでしょう。すべてを同列の大きさにするよりも、こちらの方が有効に働きます。

ＦＡＸでの申込を取る場合には、申込記載欄のすぐ上にＦＡＸ番号を大きく目立たせます。「表紙不要、ご遠慮なくこのまま送信ください」という言葉も添えます。

申込用紙に記載するときに、狭くて書きにくくないかも事前に必ずチェックをします。

ある店舗では、求人広告を出した際に、「まず○○に電話をする」「○○屋ですと言って電話に出るので、求人チラシを見ましたと言う」「担当に代わるので、後はおまかせでＯＫ」というように事細かく記載をしました。このように、反応行動を丁寧に誘導してあげることも、お客様にとっては親切です。

販促のプロは、この部分を「おもてなし」と呼べるほどに気を遣い、お客様がどのような行動をするのかを頭の中で想像し、親切丁寧に設計します。

私も、反応行動ツールを設計するときには、おじいちゃんがまずメガネをかけてチラシの中を見回して電話番号を見つけて、電話口に近づいていき…というように、実際のお客様の行動が頭の中で再生されるようになりました。

どういうわけか、この反応行動ツールを目立たせることを嫌うデザイナーが多いように思えます。この部分の設計指定を綿密に指示していない場合、どこにあるのか見つけづらいほどに小さく小さく作るのです。全体のデザインバランスが崩れて下世話な感じになる、または買う気になっていないのに無理やり売り込んでいる感じがあるといった理由もあるかと思います。イメージづくりの媒体と、反応行動のための媒体とを分けている場合はその限りではありませんが、多くの広告物・販促物が何らかの目的を達成するために存在しています。その場合には、反応行動ツールを親切に設計するということは必須の工程です。

私がアドバイザーとして関わらせていただく際に、真っ先にここをチェックする理由は、ここが行動に変換するパーツだからです。そして、その行動こそが、売上げ・利益を生む行動です。また、この部分の設計が弱い販促物の場合、ここを強化するだけで大きく反応率が変わることがわかっているからです。

極端な話、電話番号を大きくしただけでも注文数が増えたということもあるほどです。自社の販促物をもう一度見直してください。もし、この部分が弱いと感じたら、「即効性のある伸びシロを発見!」と喜んで、すぐに改善してください。これだけでも結果が付いて来るはずです。

集客媒体の効果的活用はＡＩＤＡ軸／射程距離軸の2軸で分類し目的ごとに組み合わせる

この章の最後に、販促ツールとなる媒体の特性と使い分けについてお話しします。情報発信を行なっていく際に、何らかの媒体を使うことになるでしょう。媒体という言葉を補足しておくと、たとえば自社の商品を宣伝する際に、新聞折込チラシだったりテレビコマーシャルだったり、商品案内のポップなどを使います。テレビ・チラシ・ポップ等の情報を載せるものを、ここでは媒体と呼びます。

情報発信を行なう際に使う媒体にはさまざまな種類があり、さらに同じ種類の中でもさまざまな特性を持つ媒体があります。発信する情報とその目的に応じて、情報発信のための媒体を使い分ける必要があります。それらを適切に使い分けるために、私が使っている媒体の分類方法をお伝えします。これは私自身のためというよりも、私のクライアントに向けて作成したものです。

では、どのように分類しているのかというと、ＡＩＤＡという消費者行動の軸と、販促活

【AIDA× 射程距離の２軸で分類したシート】

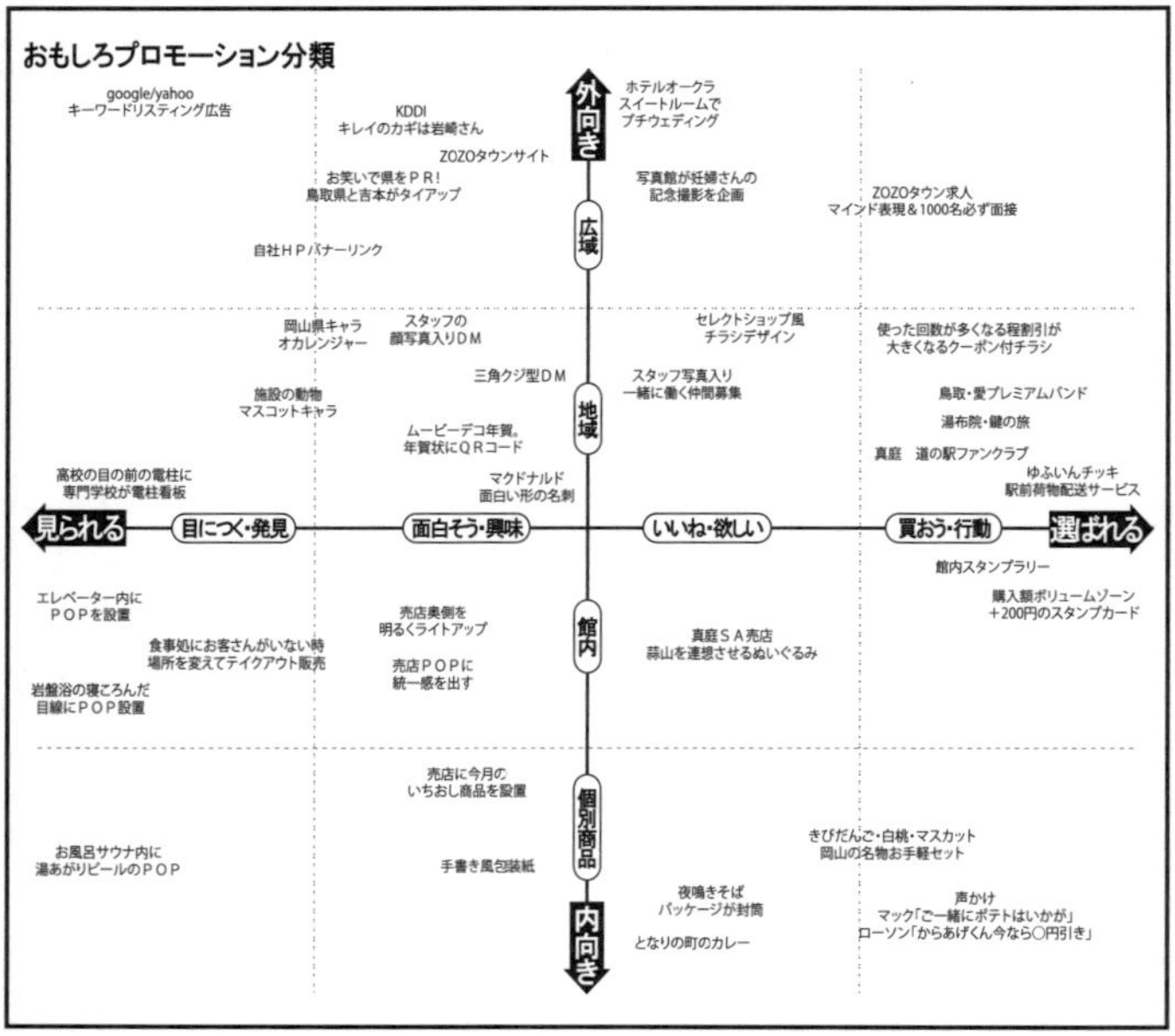

面白いとおもったプロモーション事例や媒体の使い方を分類したシート。

横軸をＡIDA（Attention　Interest　Desire　Action）の流れ、
Ａ（目につく・発見）・Ｉ（面白そう・興味）・Ｄ（いいね・欲しい）・Ａ（買おう・行動）という購買行動の流れにそって設定している。

縦軸を射程距離という要素：広域範囲・地域・館内・個別商品で設定している。

このように設定し、どのプロモーションが何の目的や効果を持ったものなのかを分類し、販促計画に合わせて、どの方法を使うのかを計画する。
また、町中で見かけた事例もこのシートに書き込んでいき、販促時の参考にする。
販促のプロは、ヒントを収集するための仕組みも作っている。

私にとって使いやすい切り口として、たまたま上記のようにしているが、読者の皆様は、それぞれ目的に合わせて切り口を変えてもよい。

動の射程距離の軸のクロス表で分類しています。

別表を参照しながら、順を追ってご説明します。

まず、縦軸にはどの範囲を狙うのかという射程距離の軸とします。遠い範囲を上から順に、広域・地域・店舗内・個別商品という4段階の軸にしています。

次に、横軸をＡＩＤＡという行動特性の軸とします。広告を見た消費者の行動の順としてＡＩＤＡ（アイダ）の法則というものがあります。ＡＩＤＡとはＡ＝アテンション＝気づいてもらい注意を引く、Ｉ＝インタレスト＝興味を引く、Ｄ＝デザイヤ＝欲しくさせる、Ａ＝アクション＝行動させるという意味の頭文字を取ったものです。他にも、ＡＩＤＡにＭ＝メモリー＝記憶を加えたＡＩＤＭＡ（アイドマ）や、Ｓ＝サーチ・Ｓ＝シェアを加えたＡＩＳＡＳ（アイサス）というものもありますが、私は古典的でありながら、縦軸と同じく4段階に分類できるＡＩＤＡを使っています。この2軸を使ってクロス表を作ります。

2軸のクロス表の中に、さまざまな媒体やその使い方の事例を配置していきます。

たとえば、全国版のテレビＣＭで会社のイメージアップを図るというものでしたら、縦軸は一番上の広域／横軸は知ってもらうことと興味を引くことまでを狙ったＩの場所に配置します。他にも、サウナの中に設置するビールのポップだったら、縦軸は個別商品／横軸は欲しくさせるDの部分に配置します。

こうして、さまざまな媒体を使った事例を配置しておくと、どのような媒体を、どのような範囲でどのような消費者行動を狙って使用するのかが一目でわかるようになります。


情報発信ということは、これさえやっておけば必ず成功するというものではありません。さまざまな目的に合わせてさまざまな方法を組み合せて実行する必要があります。しかし、それぞれが必ず成功するとは限りません。ある意味、数を打って精度を上げていく必要があります。


そのためには、自分自身が行動速度と確度を上げていくために、どのようなときに何を実行すればよいのかをひと目でわかるようにしておくことが有効です。

私自身は、何をすればいいのかを教えてあげるのではなく、考え方を伝授し、行動ができる仕組みを残すようにしています。

その結果、私のクライアントの多くが、情報発信についてはどんどん自立をしていけるようになりました。

本書でも、情報発信についてさまざまな方法をお伝えしましたが、効果を出すためには、必殺技ひとつを狙うのではなく、ジャブを当て続けるように、的確に確実に打ち続けるほうが、結果的には近道となります。

6章

長くジワッと浸透させる!
見込客密着型媒体の活用法

見込客の動きを知ることができる交通量調査の入手と活用

これまでの章で、情報発信のポイントまでをお伝えしてきました。

ここでは、さまざまな情報発信媒体の一部をお伝えします。もし、ひとつの媒体、たとえばチラシひとつをとっても1冊の本になるほどです。限られたスペースの中なので、他の本ではあまり紹介されない、さまざまな媒体や情報源をご紹介したいと思います。この章で紹介する方法は、私のバックボーンのひとつでもあり、見込客密着型で長期的にじっくり使用できる交通広告の類を選んでみました。

まずは店を出す場合に、どこに出せばよいかということを決めるのに役に立つ情報です。店を出す場合、とくに地方で飲食店等の店舗を出店する際には、店の前を通行する車の量が多いほどいいのは言うまでもありません。では、それを計る場合にどのようにすればよいのでしょうか。

基本は、出店予定の現地でどれくらいの車の交通量があるのかをチェックすることです。何分間か時間を決めて通過する車の台数を数えてみると、1日に通過する車の量を推測することができます。また、体感的にも、ここは車の往来が多いのかどうかを感じ取ることができるでしょう。

どんなによい情報を得られるとしても、この感覚は必ず重視してください。それを踏まえた上で次のことをオススメします。

何年かに一度のペースで、道路で交通量調査をしている方を見かけたことはないでしょうか。または、交通量調査のアルバイト募集が出ているのを見かけたことはありませんか。行政機関が主だった道路の交通量の調査を行なっていて、それをまとめています。具体的には、その道路を通る平日・休日の1日の往来数を測定して、交通量調査データとしてまとめているのです。

このデータ、実は私たちも閲覧できるのです。各道路の往来数を事細かくまとめた冊子を行政機関は持っています。

道路看板を設置する業者や、店舗の出店場所を決める担当者の多くが、このデータを閲覧しに行きます。私の場合は、このデータをカラーコピーして持ち帰っています。冊子状になっていて数百ページもあるのですが、巻末にA2サイズ位の大きな一覧地図として、平日・休日別に色分けをしてある場合もあります。これをカラーコピーして持ち帰っています。今なら、デジカメで写真データとして持ち帰ることも可能です。

この1枚があれば、どの道路にどれくらいの車の往来があるのかが一目でわかります。

では、どこでこれを入手すればいいのか。これは、私自身もすべての都道府県を調査したわけではないし、各都道府県によって担当課が異なることもありそうなので、行政機関で問い合わせてください。しかし、それでは本書の意味がないので、参考までに私だったら初めての地でどこへ行くのかをお伝えします。

まず、県の行政機関が集まっている合同庁舎を探します。その中で、「道路維持課」という名前の課を探します。地域により、「道路維持管理課」という名前だったりしますが、近い意味合いの課を探してください。その課の受付で、「○○の出店調査に使いたいのですが、道路交通量調査データを閲覧させていただけませんでしょうか」と問い合わせてください。

ちなみに、私の経験では、こう言ってすんなり出てくることは少ないようです。数年に一度の調査物です。一度調べてまとめたとしても、その課の方が部署を異動すると、その存在すら知らない職員も多くなります。あるのはわかるが、どこの部署のどこに保管してあるのかがわからなくて、いろいろな課をたらい回しにされることもあります。これは覚悟をしておいて、ロールプレイングゲームでアイテムでも探すような気持ちで辿っていってください。私の場合、数年前に一度行ったことのある課の場合、職員さんに、「昔と同じでしたら、あの書棚の一番上の扉を開けたところにあると思いますよ」と教えてあげることもありました。見事にそこから出てきて、職員さんに驚かれたこともあります。

交通量データの入手は、この存在を知っているか知らないかだけで差がついてしまいます。店舗を出す場合も道路看板を出す場合も、どちらであっても有効な手段です。そして意外なことに、大手チェーン店の出店でない場合は、多くの店舗オーナーがこれを参考にしていないという情報格差が生まれているのです。

間違いやすい道路看板設置や店舗出店！交通量だけでない、カーブや交差点を要チェック

道路交通量の話題を出したので、その流れで道路看板設置時や店舗出店の注意点をお伝えしたいと思います。

道路看板等の交通広告物を掲出する場合にも、店舗を出店する場合にも、実は共通した考え方があります。ひとつは、その道路の交通往来量が多いことです。徒歩の方を対象としている場合は、通行者の往来量が多いことが重要です。しかし、自動車での交通往来の場合は、ただ多ければよいというものではありません。往来量が多いことは重要なことなのでそれは前提条件ですが、さらにカーブや交差点等もチェックします。

道路看板を出す場合は、ただ交通量の多い場所に設置するのではなく、その看板がじっくり見えるかどうかの確認をします。少し離れた位置から設置場所を目視して、遠くから見えることが大切です。

そのとき、交差点等で車を停止して見る機会の多い場所でしたら、よりしっかりと目に止まります。また、もうひとつ道路看板のプロが好んで掲出するのがカーブです。遠くから真っ

直ぐな道が続いていて、その先がカーブしている。そのカーブ部分に道路看板を設置すると、遠くから走って来る際には正面に看板を捉えることができます。その際にはカーブに差し掛かったときよりも、遠くから見たときの視認性を重視します。

看板はひと目で読めるように、細かい文字やデザインは避けるようにします。余談ですが、印刷物のデザインが得意なデザイナーはこの点を見落として、細かすぎるデザインや繊細すぎる線を使ったり、1秒以上考えなければならないアルファベットでキャッチを書いたりすることがあります。デザイン制作時には注意が必要です。

これは、店舗を出す場合にも重要なことです。郊外の道路をよく観察してみてください。チェーン系の店舗が多く出店している場所があると思います。それらの店舗は、隣り合わせるように並んでいることがしばしばあります。店が集まっていると、人も集まって来やすいということもありますが、もうひとつ理由があります。

注目ポイントは、なぜその場所に多く集まるのかということです。実は、その道路は大きな道路であり、さらに信号のある交差点が多くあることも注目ポイントです。

ある幹線道路では、信号のある交差点がまったくない部分がしばらく続き、その先に急に信号のある交差点がいくつも現われています。周囲の店を見てみると、チェーン系の店がその交差点が多いエリアに集まっていました。交差点の少ない部分にはいくつかの店舗はありますが、どの店も長続きせずに空き店舗になっては入れ替わりを繰り返していました。では、なぜ信号のある交差点が多くある場所がよいのでしょうか。

それは車の速度です。幹線道路で信号のある交差点が少ない場合、自然に車の平均速度が上がります。速い速度で走っている場合は、よほど目的がない限り、店があっても入りにくく通り過ぎやすくなります。そのため、スピードを上げている状態でも入りやすいように大きな入口を持つ駐車場が必要になります。

信号のある交差点がいくつか続くと、自然に平均速度が落ちてきます。店に気がついてから入口を視認し、ゆとりを持って入ることができます。

道路看板も店舗出店も、ともに交通量とその視認性と車の平均速度が重要になります。

これは、交通量調査資料を見ただけではわかりません。データだけでなく、現地に行ってチェックすることには、こういったポイントを見極めるという重要な目的があるのです。

見込客の集まる場所へメッセージを〝置き石〟する電柱看板の使い方

道路を往来していると、たくさんの電柱があります。最近は、電柱地中化で減ってきている地域もありますが、まだまだ多い電柱。そこへ看板が設置されているのをごぞんじの方も多いと思います。この電柱看板の使い方で、ちょっと変わった事例をご紹介します。

電柱看板には主に2種類あります。柱そのものに巻いてある「巻き看板」と呼ばれるものと、巻き看板よりも高い所に、電柱から突き出すように出ている長方形の「袖看板」と呼ばれるものがあります。

電柱にも大きく分けると2種類あり、電力会社所有の太いものと、NTT所有の細いものがあります。太い電柱は「巻き看板」「袖看板」の両方を設置でき、細い電柱は「袖看板」のみが設置できるようになっています。掲出する際は、先々で地中化される予定がないかどうかの確認は必要です。

この電柱看板ですが、多くの場合は道案内用の誘導に使われています。巻き看板の方は主に歩行者の目につくような案内に使うことが多いです。看板の下にはその場所の住所が記載してあることもあり、歩きながら店を探す場合に有効です。袖看板は、車で往来する際によく見えるので、車で来られるお客様への案内に使っている例が多くあります。どちらの場合も、「売り込んでいます」感を前面に出さずに、地域に住む方に密着するように繰り返し訴求をしていきます。即効性という点では、効果を表わしにくい媒体のひとつでもあります。さまざまな業種で使われていますが、とくに病院・医院等のように、集客のためにチラシやテレビコマーシャルを行ないにくい業種に人気があるようです。

そんな電柱看板ですが、使い方によっては道案内以外にも使うことができます。

私は、ある地域でこんな事例を作りました。ある専門学校からの依頼で、学生に訴求するための広告媒体を検討しているとのことでした。直接的に効かせる媒体としては、既存の学生用進学情報誌を使用していました。それに加えて、学生がよく使う駅ナカ広告、つまり駅舎内やホームに設置をしてある看板を検討していました。一般的に駅ナカ広告は、地方の駅での掲出料は年間50万円位から、大きな駅ならば年間1000万円を超えます。その予算の一部を電柱看板に回してみては、と提案しました。

では、どのような場所に掲出をしたら効果があるのか。それは、見込客に一番近い場所です。

この専門学校の場合は、入学して来られるのは同じ県内の高校生がほとんどです。それならば、高校の真ん前にある電柱を数本押さえて、そこへ専門学校の看板を掲出することを提案しました。これで毎日毎日、見込客に直接見せることができます。

しかし、ここで私がミスをしかけたことがありました。私が候補として選んだ場所は、学校の前の大きな通りからT字路で曲がり校門へ続く大きな道でした。車で走ってみたのですが、間違いなくここが通り道としての王道です。ところが、先生たちは通るのですが生徒はあまり通りません。これは、どうしたことでしょうか。生徒は基本的に、徒歩もしくは自転車で移動をしています。車が通るには狭い道でも平気で通ります。実は、T字路を斜めに横切る近道があり、当たり前ですが、そちらの道をほぼみんなが通行していました。これは、現地を観察しなければ見落としてしまうことです。そうして、斜めの近道側を中心に看板を設置し、また裏口の電柱も抑えました。

電柱看板は、実は全国的に掲出価格のバラつきが少ない媒体です。駅ナカ広告でしたら数十万円〜数千万円というほどの価格差がありますが、電柱看板は1枚2万円弱〜3万円程度と価格差が小さな媒体です。交通広告は即効性が見込みにくい媒体だからこそ、多くの予算をかけることが難しいものです。

その点でも、低価格で見込客密着訴求をできる交通広告としては利用をしやすい媒体です。アイデアしだいでさまざまな使い方ができるので、ぜひ考えてみてください。

狙った地域をロックオン！意外と知られていない郵便局の活用方法

これも意外と使っておられる方が少ないのですが、郵便局（日本郵便）にも広告があります。全国各地にある郵便局の中に、ポスターの掲載やパンフレットの設置、イベントスペースを借りることやサンプリング（チラシや試供品の手渡し）までできます。これも、郵便局を絞り込んで地域密着での訴求ができます。

私が、郵便局の広告が好きな理由のひとつとして、これも小さな郵便局と大きな郵便局との間で価格差が少ないことです。テレビコマーシャルや雑誌広告、駅ナカ広告と比べると、まだまだ広告業界での商売上手ではないのでしょう。この点でも、利用者の多い大きな郵便局を狙いやすくなっています。どういった広告が用意されているかを一部ご紹介します。

郵便局内に広告専用ポスターボードが設置されていて、ポスターを貼ることができます。パンフレット置きもあり、掲出料金も、最短2週間から掲載できて料金も数千円からとリーズナブルです。また、Aラックというポスター&パンフレットラックもあり、2週間で1万5千～2万5千円程度です。

他にも、窓貼りのフィルムポスターもあり、こちらは1ヶ月で3万円～12万円です。こちらは、私はまだ使ったことはないのですが、サンプリング／1個30円～50円でできたり、イベントスペース1万円～9万円／1日単位で利用することができます。

もうひとつ、地域を絞り込んだダイレクトメールで「タウンプラス」というサービスがあります。こちらは、通常のダイレクトメールよりも送料がはるかに安く、30円未満で配送することができます。住所をかなり絞り込んで配送することができるので、地域密着型の店の訴求にとても便利です。また、最近では政治家からの情報もタウンプラスで配布されています。このタウンプラス、他にはどういった使い方ができるのかというと、新聞折込チラシを大量に配布する前に、効果の高い広告を見きわめるためのテストとして、少部数で地域を絞り込んで配布するといった使用方法もあります。ランチェスター戦略的に、一点に集中して自社店舗と競合店舗との間のエリアを徹底的に攻めるという方法にも使えます。料金は改定されることもあると思うので、随時郵便局で調べてください。

まだまだ認知度が低い郵便局の広告ですが、当の郵便局はダイレクトメールに力を入れていて、さまざまな有益な情報を提供しています。ダイレクトメールで行動を促進するために「オファー」と呼ばれる仕掛けを付けますが、その方法の例を紹介した「ジムコブスの99通りのオファー」という情報が、日本郵便のＤＭファクトリーに掲載してあります。私も含め、その道の専門家が必ずと言っていいほど参照している内容で、ダイレクトメールのセミナーでも使われています。それが無料公開されているのです。まだまだ認知度が低く、利用している競合が少ないからこそ、郵便局の広告や情報を使い倒してみましょう。

7章

プロとアマチュアの大きな違いは効果測定の方法を多数持っていること

プロは必ず〝測定可能な〟具体的目標を立てる

私の通常の仕事は集客コンサルタントという立場で、販促のアドバイスや企画を立てることです。ですが、年間契約のクライアントの場合は、外部顧問として社員のような立場で広告業者からの提案を一緒に聞くことも数多くあります。そのときに、「それでも本当に広告のプロとしての提案なのか!?」という思いで憤慨しているときがしばしばあります。

ある広告会社の営業マンが、同業者の集まりの場で集客企画を提案しに来られていました。企画そのものは悪くはありませんでした。しかし、初めて掲載する企画であったため、そこへ投資するだけの価値があるのかがまったく未知数でした。

営業マンはこう言います。

「せっかく、こうして集まっていただいているのですから、みんなでまとまってひとつの企画を実行しましょう！　やるからには本気でやってください」

言うことはもっともなことですが、本気で実行する価値のある企画かどうか。成果はどのくらいを狙うのか、他地域での事例はないのかを聞いてみました。

そうすると、勢いのいい声でこうまくしたてます。

「他の事例ではスゴイことになっています！　これをやるとスゴイことになるんです」

同席している方の半分ぐらいは営業マンの勢いと場の空気を受けて、「おおっ！」と感心していいます。しかし、私にはまったく響くものを感じられず、むしろ胡散臭いなあという思いでいっぱいになりました。そのときに、ある記憶が呼び覚まされました。20年ほど前、ネズミ講的な商材販売が流行っていて、何度かそういった説明会に連れて行かれたことがありました。そのときに聞いたセリフが「スゴイことになる！」「スゴイ人がいる」という言葉でした。「スゴイことになる！」「スゴイ人がいる」という具体性のない言葉と、勢い任せの場の空気づくりが揃うと、当時を思い出してしまいます。

ともあれ、ここはできるだけ感情的にならないように、冷静に考えながら質問をします。

「スゴイことになったというのは、具体的にはどうなったのですか。どのくらいの費用をかけて、何人ぐらいの集客をしたのでしょうか？」

営業マンは、一瞬虚をつかれたような表情を浮かべました。そこから、ちょっと曖昧な答えしか返ってきませんでした。もちろん、細かいことは守秘義務があるので明かせないでしょうけれど、やはり広告のプロとして最低限のことは押さえた返答がほしいと思います。

よい広告マンは、「何をするのかという主張」「それを行なう理由や有効であるという理由」「それが有効であるという事実や証拠等のエビデンス」の3つが揃った提案をしてきます。このエビデンスを示さない、あるいは示すことを考えようともしない広告マンが非常に多いというのが、この業界の悲しいところです。

集客のプロが必ず押さえるポイントとは何でしょうか。まずひとつ目は、販促企画に対して「目標を立てること」です。それも、「測定することが可能な」目標を立てることです。毎回の販促企画に対して、何を実現するためにこの企画を実行するのか。どのくらいの成果が出たら成功と見なすのか。その成果はどのようにして測定するのかを決めます。

効果がわかりやすいものの代表が、ダイレクトメールによる物品販売でしょう。何通送って何通の注文があったのかが簡単にわかります。そのときに、ダイレクトメール送信コストと商品による売上げと利益から計算すれば、どのくらいの成果を出せば成功かを設定できます。また、測定方法も、注文数と売上げから割り出せます。インターネット広告では、システムの特性上、これを測定するのが常識となっています。

たとえば、ブランド浸透度を高めるイメージ広告のように、1回の企画では効果を出すことも、測定をすることも難しいものがあります。それでもプロならば、ある程度の期間を区切って、アンケート等、何らかの方法でブランド浸透度を測定する方法を考案します。

集客のプロといえども、必ずしも100％集客に成功するということはありません。プロ野球のバッターでも、3割の打率を超えれば一流と言われています。そのぐらい、すべての販促を成功させることは難しいものです。では、どのようにして成功率を高めているのでしょうか。それは、成功と失敗を繰り返す中で、徐々に精度を高めているだけのことです。そのためには毎回、何が課題なのか、結果に対して検証をすることが必要となってきます。

当然、測定可能な目標を立てていないならば、具体的な改善案が出て来るはずがありません。

ここまで読んできて、「効果目標を作るのは当たり前だろう」と思われた方は真剣に集客に取り組み、しっかり勉強をしていてすばらしいと思います。正直に言って、広告業者であっても効果目標を考えていない方が数多くいます。また、それを考えずに広告を打ち続けている店も多数あります。それだけでも、一歩リードです。

広告ではアマチュアであっても商売のプロですから、効果を求めるのは当たり前のことです。ではプロとの差は何なのか。それは、目標設定の作り方、効果の測定の方法や具体性の引き出しが違うだけです。

ある施設の店長はチラシをまくときに、それぞれのチラシに必ずクーポンを付けています。そしてそのチラシを店舗周辺の施設や、公共の道の駅、業種の違う店に置かせてもらうのです。これまでもクーポンによる集計は行なっていました。

私が指導をしてからは、さらに突っ込んで効果測定を行なうようになりました。それぞれ置き場所に応じて、クーポンに印が入るようになりました。そうすることで、どの置き場からどのくらいの戻りがあるのかが測定可能になります。さらに、次に仕掛けるときに、どの置き場を重点的に攻めればいいのかがわかってきます。そうすると、次は折込チラシを入れる場合に、どのエリアを中心にすればよいかということの検証にもなります。

そして、これを毎回実行するルーチンとして捉えて、常に安定して実行できるようになっていきました。その施設の販促という点では、積み上げた経験とデータ量の違いで、私はその店長にはもう敵わないでしょう。

これをまとめると、販促企画に対して「測定することが可能な目標を立てること」、測定の方法をいくつも持っておいて、目的に応じて使い分けることが大切です。

そして、毎回忘れないように販促打合せするときに使うノートに、「販促企画内容／効果目標／測定方法」という3つの欄を作っておいてください。実はプロであるほど、そういったオリジナルの項目を入れた自分用フォーマットを使っています。

プロが必ず着目する3つの数字

広告等を使って販促を行なう際に、測定可能な具体的目標を立てるというお話をしました。測定可能で具体的であるということは、具体的な数字を扱うことになります。では、どのような数字を確認していけばいいのでしょうか。数字にはさまざまな種類があります。今回は、その中から必ず使っている3つの数字をお伝えします。3つの数字とは、専門用語で「CVR」「CPA」「ROI」というものです。これから1つひとつを説明していきます。

●●● CVR(コンバージョンレート)

まずは、「CVR」です。これは、コンバージョンレートという意味で、「成約率」や「転換率」とも呼ばれています。どういうことかというと、ある販促物を見た方がどのくらいの割合で注文や予約等の成約に結びついているかということです。注文や予約という場合は「成約」ですが、資料請求などでしたら成約するわけではないので、「転換率」と呼んだりします。

ここでは、厳密な呼び方を覚える必要はありません。要するに、撒いた販促物の数に対して、どのくらいの割合で目的の行動を行なったかということです。では、例を挙げてみましょう。

資料請求をしてもらうことを目的として、見込客にダイレクトメールを1000通送りました。例なので、ダイレクトメールは全員に届いたものとします。その中から、10件の資料請求がありました。この場合のCVRは、10÷1000＝1％となります。この数値が高いほど、優れた販促ということになります。一般的な基準ですが、ダイレクトメールの場合のCVRは1％程度が平均です。既存客なら、この数値が20％以上になることもあります。

私の事例ですが、89通のFAXDMを送信して、50件の目的行動をさせたこともありました。CVR56％ですが、これも既存客に対してのことです。送り先のリストと内容でCVRは大きく変わってきます。

CPA（コストパーアクション）

これは、コストパーアクションという意味で、「顧客獲得単価」です。一人の顧客を得るためにかかったお金ということですが、アクションなので資料請求や注文など、無料・有料を問わずに使います。

資料請求の場合は、見込客獲得単価となるし、即注文の場合は顧客獲得単価となりますが、要するにひとつの行動をしてもらうためにかかった一人あたりのコストです。

例を挙げると、ダイレクトメール1000通を総額10万円かけて送り、10件の注文がありました。この場合ＣＰＡは、10万÷10＝1万円となります。1人の注文を得るのに1万円かかっていますが、利益が10万円ある商材を売る場合なら、ＣＰＡが1万円だと大儲けです。

ＲＯＩ（リターン オン インベストメント）

最後に「ＲＯＩ」です。これは、「投資対効果」や「費用対効果」と呼ばれています。簡単に言うと、かけたお金に対してどのくらいの得られるお金があったかということです。

例を挙げると、販促費10万円かけてダイレクトメールを送り、利益2万円の商材が10件売れました。この場合、20万円÷10万円＝2です。ＲＯＩが2といううまい話はそれほどないので、通常はこの数字は％で表わします。2＝ＲＯＩ２００％となります。かけたお金が２００％になって返ってくるということです。最終的には、ここが高くなることが販促の目的です。

これらの3つ以外にも、さまざまな指標があります。それらは、インターネットで調べれば容易に知ることができます。問題は、この用語を覚えることでも、用語の意味を知ることでもありません。これは、販促の現場で使うことです。とくに、広告業者との打合せをする際には、会話の中で出てくるようにしておきたいものです。たとえば、ある大手ポータルサ

イト運営業者の営業マンと、こんな会話がありました。（注：数字は架空）

業者「5万円のメルマガ広告ですが、全国の会員200万件に送信されます。○○が注目される時期ですので、今回のメルマガ広告は非常に有効ですよ」

私「このメルマガは、どのくらいの割合で開封されて見られていますか」

業者「正確にはつかめていませんが、過去の例では約10％くらいの開封で5％程度のクリック率です」

私「ということは、1000件のクリックが得られそうですね。うちのページのCVRが1％ですので10件の予約、CPAは5千円の見込みですね」

業者「この時期に売れる商品は、1件予約があるといくらぐらいの利益が出そうですか」

私「1件あたり、8千円は利益が出ます。この計算だとROI160％です。ここまでうまくいかないとしても、これはやってみてもよいと感じます」

こんな感じでサクサクと話が進むと、安心感もあるし非常に気持がいいものです。IT関係の方は、これを当たり前のように使います。また、リクルートの営業マンは、これらのリターンの話に加えて、現状の店舗稼働状況とその先の見込み、損益分岐点に達しない場合のリスク等、やった場合のリターンとやらない場合のリスクという両面から提案をしてきます。

しかし、ここが曖昧だったり見込みを立てていない広告業者にも、非常に多く出会うのも現実です。

たくさんの言葉を覚える必要はありません。３つだけでいいので、当たり前に使う指標として身につけてください。

アナログ媒体でもできる! 販促の効果測定9つのアイデア

ＩＴ関係の社長さんたちと会話をしていると、広告の効果測定が非常に細かくできることと、それが当たり前の環境だと思われていることを感じます。

私の行なっていることで、リアル媒体を使っての販促の話は、彼らから見たら「インターネットの世界と違って、こんなにまでたいへんなんですね」と、逆の意味で感心されます。インターネットを使った販促は、効果測定できるのが当たり前ですが、アナログ媒体では効果測定をするためにはひと工夫する必要があります。

ここでは、アナログ媒体でもできる効果測定アイデアを9個紹介します。

①チラシやＤＭを持ってきたら割引等の特典を付ける

まずは、オーソドックスな手法です。その販促物を見た方が何らかの行動をしてもらうように仕掛けを付けることで、その販促物の効果が測れます。アナログ媒体はインターネット広告と違って、見られた数やクリックされた数を測れないからこそ、行動の仕掛けが基本となります。

②チラシを印刷する紙の色を変える

同じデザインのチラシであっても、印刷をする紙の色を分けて、地域別に配布します。そうすることで、どの地域からの反応が多かったのかがわかります。ある店では、折込として配布したチラシと、スタッフがポスティングを行なったチラシの紙の色を変えていました。その色のチラシを持って来られたお客様がいると、店のスタッフはひと目で気がつきます。「私たちのポスティングが効果を発揮している！」という達成感を与えてモチベーションアップにつなげることも、目的のひとつです。

③販促物にクーポン券を付けておき、クーポン券に印を付けておく

これも、王道ともいうべき手段です。チラシやDM本体ではなく、ちぎって使えるクーポン券を付けておきます。そしてクーポン券の裏等に印を付けておきます。ある店では、無料でチラシを置くことのできる道の駅を狙って、複数箇所にチラシを置いていました。そして、設置箇所ごとに印をつけておきました。

こうすることで、どこに置くことが一番効果を発揮するのか、お客様はどのようなエリアから来られるのかがわかります。ちょっと遠くの道の駅だったのですが、競合店のすぐ近くの道の駅からの戻りが最も多かったという事例もありました。

④ＦＡＸＤＭの送信欄に印や送信日を入れておく

戻りのＦＡＸが、どのリストからの戻りなのか、いつ送ったものなのかがわかるようにしておきます。あるセミナー集客プロジェクトで、ＦＡＸＤＭを送りました。そのとき、ＦＡＸと電話を併用した場合や、同じＦＡＸを複数回送った場合の効果の違いをいろいろと試してみました。このときは、同じＦＡＸを複数回送った方が結果的には効果が高かったのです。

戻りのＦＡＸを見ると、最初に送ったＦＡＸだけでなく、その後に送ったものだったり、3回目に送ったばかりのものがすぐに戻りがあったという結果がわかりました。これも、送信欄に送信日を入れていたからです。多くのＦＡＸが自動で日付が入りますが、切れて見えなくなることもあるので、デザインの中に意図的に入れておいた方が確実です。

⑤電話で注文を受ける際に「○○を見ました！と、一言」等のキーワードを入れている

販促物ごとにキーワードを設定しておいて、どの販促物を見て電話をしているのかを判別します。このとき、キーワードを言うと特典を付けるという方法もありますが、「○○を見ました！　と一言おっしゃいますと、担当者にスグにわかるようにしてございます」というように、お客様にとっての親切を演出する方法もあります。

求人誌等で、不安いっぱいで電話をかけてこられる求人希望者にとって、安心感を与えるようにしながら効果測定にも使えるという、2つのメリットを作ることができます。

⑥「何かご覧になってお電話をされておられますか?」と聞く

単純明快に、このように電話口で聞くのです。簡単なことですが、これを常に徹底をして実行している店は少ないのではないでしょうか。私の場合、新規の依頼で電話をいただいた際には、必ず聞くようにしています。

⑦複数の電話番号を使い分ける

通信販売では、昔からの常套手段です。広告掲載媒体ごとに注文用電話番号を異なるものにしているのです。どこに電話がかかってきたのかを集計して測定することができます。

⑧電話効果測定サービスを使う

電話のかかってきた件数を自動集計してくれるサービスが複数あります。広域で大規模に販促を行なう場合には有効です。私の前職は大手マッチング媒体だったので、このシステムを入れている部署もありました。

⑨ＱＲコードや特定のキーワードで検索させる等で、インターネットへ誘導する

ＱＲコードからインターネットのお問合せページへ誘導して、アクセス解析を行なうことができます。また、特定のキーワードで検索をしてもらうことで、その検索ワードの件数が上がっているかどうかで効果を計ることができます。後者の場合は、大雑把な数字になってしまいますが、ないよりはいいでしょう。

以上、アナログ媒体でもできる９つのアイデアを紹介しました。できることはいくつもあり、これらを思いつく方も多いはずです。しかし、これらを仕掛けていない販促物もたくさん存在します。可能なかぎり、この仕掛けを必ず入れようという意識が大切です。

当たる広告を確実に作る確実な方法とは〝お客様から多数決を取ること〟

当たる広告を確実に作るには、誰にアドバイスをしてもらえばいいのでしょうか。印刷業者さん？　デザイナー？　私のようなアドバイザー？　それとも社長の直感？

その答えは、お客様に聞くことです。なぜならば、広告に反応してもらう当事者だからです。どんなに有名なデザイナーが「こちらのデザインの方がよい」と言っても、どんなに実績のあるアドバイザーが「こうした方がよい」と言っても、すべての正しい答えはお客様の判断です。当たった広告こそがよい広告です。では、これをどうやって聞けばよいのでしょうか。

もし、仲のいいお客様がおられるようでしたら、その方々に見てもらって、どちらがよくてどちらがどのような印象を受けるのかを聞いてみるのがいいでしょう。売り手側よりははるかに確実でよい意見が出てくることでしょう。ただし、その数が5人や10人程度であった場合、そのお客様の好みで偏る可能性があります。また、仲のよいお客様ということは、すでにあなたのことについて予備知識があり、広告物からの情報判断だけではないということですから、その点を割り引いて考える必要があります。

そこで実行していただきたいことが、2種類以上の広告を作って、小規模にテストをしてみることです。インターネットの世界では、「A・Bテスト」と呼ばれていて、訪問者に対してA・Bの2種類のページがランダムに表示されます。そして、どちらが反応がいいかを測定します。

この方法を、インターネット以外でも使ってみればいいのです。色やキャッチコピー等、2種類以上の広告を作り、できるだけ近い条件のお客様に対してテストをします。

このとき大切なのは、「できるだけ近い条件のお客様」ということです。住まいや年齢、生活スタイル、配布時期等の条件が違いすぎると、広告が要因なのか、その他の要因なのかが判断できなくなるからです。

たとえば、タウンプラスを使って小規模範囲でチラシを配布してテストを行なう。反応のよい方のチラシを採用して、広範囲で折り込みを行なう等の方法があります。

他にも、手づくり販促物でキャッチコピーの実験をしてから、デザイナーに発注して本番用を作るということも使えます。

当たるチラシを作るには、テスト広告やダイレクトメールを作って、反応のよい方を採用する。それを複数回繰り返すことです。お客様の多数決によって選ばれた販促物は、コストをかけて大規模に展開する際に、より確実に結果を出せるものに育っているはずです。

8章

マスコミをとことん使い倒す!
わらしべ長者的メディア活用法

インターネットで、取り上げてくれそうなメディアを探し出す

これまで、主に販売促進の方法として、どのように情報発信をしていくかをお伝えしてきました。とくに、ダイレクトメールや広告についてのプロとしての考え方や、発信をしていく内容についてのことでした。情報発信の方法はこれだけではありません。最も強力なもののひとつとして、テレビ・新聞・雑誌等で記事として掲載されるということがあります。

メディアに取り上げられている記事は、どのようにして取材が来ているのでしょうか。その記事を作る担当者の方が、いろいろと調べてよさそうな所を見つけたり、クチコミ等で評判になったところを見つけて取材に行っています。私のところにも時々、観光関係での取材ということで、思わぬメディアから連絡が入ります。そのうち、8割ぐらいは有料で番組で扱わせてくれませんかという売込みですが、テレビの特番での取材も来ました。このように番組担当者は、ネタを探しているのです。

では、記事として掲載されている所は、それをクモのように巣の中で待ち続けているのでしょうか。実はそうではありません。掲載したいメディアを狙って、情報提供をしているのです。

この話を聞いて、「そうなんだ！」と驚いた方は、このことだけでもいいので、次の取り組みとして候補に上げてください。

「もちろん、知っていますよ」という方。大手の企業では当たり前のことだし、中小企業でもマスコミへの情報発信に取り組んでいるところは数多くあるでしょう。

これらの活動を、「マスコミPR」とか「マスコミプレス」という呼び方をしています。

そして、「マスコミPR」の方法を書いた本も多数出版されています。マスコミの仕組みやプレスの書き方等、くわしくはそれらの専門書を読んでみることをオススメします。

ここでは限られたスペースのため、その中で私がクライアント先で指導している方法をお伝えします。


マスコミPRの方法は、後に記載するファックス1枚のプレスリリースを送ることで行なっています。1枚のファックスを送るだけなので、コストもほとんどかからないし、人的な手間もそれほどかかりません。しかし、必ずしも記事として取り上げられるわけでもないし、なかなか成果が出ないこともあります。宝くじほどではありませんが、成果が出ないと続かなくなってきて、いつの間にかプレスを送ることを止めてしまいます。つまり、「やる気」

が続かなくなってしまうのです。

映画にもなった「ビリギャル」の著者で、坪田信貴さんが、何かのテレビ番組でこのようなことを言われていました。「人はやる気になるからできるのではない。できるからやる気になる」と。小さくても成果を上げることが、やる気を保つということでしょう。この言葉には感心させられました。

では、マスコミPRで成果を出すためにはどうしていけばよいのでしょうか。

専門書では、プレスの書き方について伝えています。そこは流石、プロとしてのノウハウが詰まっています。それを公開してしまっても、マスコミPR会社が成り立つということは、プレスの書き方以外にも要素があるということでしょう。

マスコミに取り上げてもらいたい場合、まずどこに載りたいかを検討すると思います。まずは、自分がよく知っている媒体が頭に浮かぶのではないでしょうか。私でしたら『日経MJ』に取り上げられたらいいな」と思います。他には航空会社の機内誌や、名前のよく知られた情報誌などです。テレビ番組で取り上げられるのもいいですね。次に、その媒体を研究します。どこにどんな記事が載っているのか、どのような傾向があるのかを読み込んでいきます。

さて、ここまで見てきて気がつくことは、ぱっと頭に浮かぶ媒体の多くが、かなり有名な媒体ではないでしょうか。これらに掲載されたら、たしかに効果は大きいでしょう。それだけに、ハードルも高いものです。たとえるとしたら、いきなりホームランを打つという感じです。ファックス1枚なので、打席に立つコストも安いのでここにも打っておくのは問題ありません。

私が提唱しているのは、小さなヒットを狙っていきましょうということです。クライアントへは、「小粒だけれど掲載されやすい媒体を狙って、小さなヒットも合わせて狙いましょう」という話をしています。小さくても成果が出ることで、マスコミPRのモチベーションを保ってもらうためのアプローチです。

そうすると、高い確率で取り上げてくれそうなメディアを探すことが次のステップになってきます。前に記載したマスコミPRのプロの方も、自分たちが得意なメディアやつながりのある媒体を数多く知っているものです。高い確率で取り上げてくれるメディアとは、どのようようなものがあるのでしょうか。まず最初に攻めていくのは、地元密着型のメディアです。地元密着型のテレビニュースや地元新聞は、地元のネタを発信することが使命です。また、限られた地域の中からネタを見つけなければならないし、突出したネタもそう多くはありません。そのため、攻めやすいのです。私の経験では、地元新聞とケーブルテレビは、ちょっとしたローカルネタも多く取り上げてくださいました。

また、これらのメディアは、周りの人脈を辿っていけば、案外つながりができるのではないでしょうか。3人を介せば、日本中の人につながるとも言われています。地元という範囲ならなおさらだと思います。

そして、もうひとつあります。この項のお題にもしている「インターネットを使って取り上げてくれそうなメディアを探す」ことです。私が行なっているのは、同業種のお店を取り上げてくれているメディアを探すことです。何を探すのかというと、ちょっといやらしいのですが、同業店舗がメディアに取り上げられたことを自慢しているブログやSNS等で発信している情報を摑むのです。

では、どのようにしてそれを探し出すのか。

キーワードは「来られました」という言葉です。「業種　来られました　取材」という言葉で検索をかけます。または、「地域名　来られました　取材」という言葉で検索をします。

そうすると、同業他社が取材を受けている情報がどんどん見つかります。そのページを見て、どのような番組が、何を目的に取材に来ているのか、なぜ来ているのかを調べていきます。その後はもちろん、そのメディアへプレスリリースを送ります。「来られました」という言葉は、本当にいろいろなものを発見することができます。たとえば、有名人が店に来たということがあると、まずブログで発信していることが多いのです。これもよく見つかります。

あるお店のオーナーから、「芸能人の◯◯さんのファンだけど呼べないかな？」という話題をふられました。同じ方法で「芸能人名　来られました」で調べてみました。意外にも同業種の店に取材に来ていました。早速、その店のページを調べてみると、その芸能人がローカル番組でグルメ番組をやっていることがわかりました。すごく遠方の地域だったのですが、なぜか近辺にも取材に来ていて、近県の同業種の店が1件載っていました。「よし！　この番組を攻めましょう」ということでプレスを送ります。さすがに、ピンポイントで狙いすぎて、まだ成果にはつながっていませんが、ちょっと夢が膨らみました。

このように、マスコミに載るために情報発信を行なうこと、できるだけハードルの低い地元メディアを狙っていくこと。そして、同業種で取材を受けているお店や会社をインターネットで探して、そのメディアを攻めていく。まずは、そうして小さな成果を上げることからはじめてみてください。取り上げられる経験を重ねていくうちに、段々とコツのようなものがつかめてくるし、何よりもマスコミプレスの習慣ができてきます。また、マスコミとのつながりもできてくるでしょう。この積み重ねは、超低予算でできる大きな広告効果につながっていきます。

取材率60％！ Ａ４のＦＡＸ１枚で取材記者を呼ぶプレスリリースの書き方例

この項目では、具体的なプレスリリースＦＡＸの書き方の一例をご紹介します。

表題ではＦＡＸ１枚でと表現していますが、「本当にＦＡＸ１枚だけ？」と疑問に思われる方もおられるかもしれません。「もっと補足となる資料も送った方がよいのでは」と思われるかもしれません。しかし実際、「ＦＡＸ１枚だけで」と表現している通りです。むしろ、１枚にまとめることが重要なポイントなのです。

私はこの方法で、それほど変わったことではないローカルイベントの際に、５社へプレスリリースを送り、そのうち３社に取材に来ていただきました。もちろん、前項で書いた、取材に来てもらいやすいという観点で選んだ媒体ということも大きな要因です。もちろんそれだけではなく、記事にしてもらうことでプラス効果の大きいと思った媒体を選んでいます。

この後に、ＦＡＸプレスリリースの記載例もお見せしますが、何よりもどのような思考でプレスリリースの内容を作っているのか知ることが大切です。

実は、この考え方は５章でお伝えした「販促物９つのパーツ」と共通するものがあります。

【７つのパーツを使ったFAXプレスリリースの例】

私が使っている７つのパーツを使ったFAXプレスリリースの現物を紹介します。

下記の例では新聞社３件からのお問合せを頂きました。

①独自性を伝えるキャッチコピー・サブコピー
ひと目で何に関する内容なのか分かるような題名をつけます。

客観的に見た言葉になるように心がけます。

⑦社名ロゴ、会社の所在

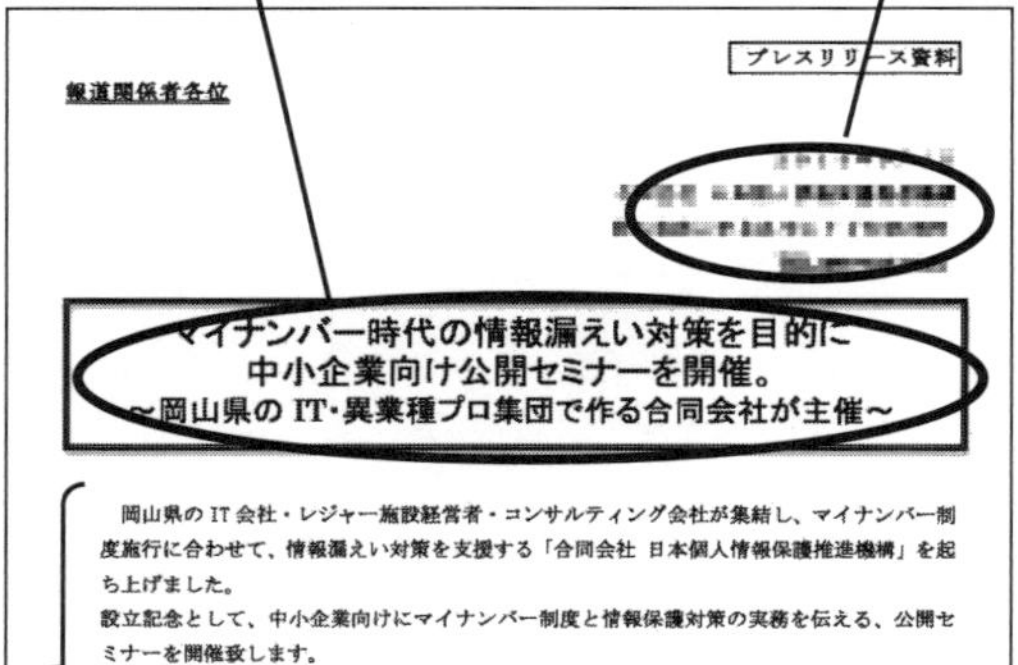

プレスリリース資料

報道関係者各位

[redacted]

マイナンバー時代の情報漏えい対策を目的に
中小企業向け公開セミナーを開催。
～岡山県のIT・異業種プロ集団で作る合同会社が主催～

岡山県のIT会社・レジャー施設経営者・コンサルティング会社が集結し、マイナンバー制度施行に合わせて、情報漏えい対策を支援する「合同会社 日本個人情報保護推進機構」を起ち上げました。

設立記念として、中小企業向けにマイナンバー制度と情報保護対策の実務を伝える、公開セミナーを開催致します。


様々な業界のプロとしての知見、個人情報保護第三者認証機関の審査員としてのノウハウ、内閣府からのヒヤリング情報を踏まえた、最新の情報を伝えていきます。

また当日には、実際に個人情報保護に取り組みを始めた会社の事例発表のほか、社内で使える情報漏えい対策ツールをお持ち帰り頂けます。

■日時 [redacted]
■場所 [redacted]
■参加費 [redacted]
■主な内容
『マイナンバー制度と情報保護対策』
・よく分かるマイナンバー制度の概略
・実例 個人情報保護に取組む会社（実際に取り組んでいる会社の方が伝えます）
・もしも２００万円が机の上に放ったらかしだったら！？「特定個人情報保護」対策
・人的リスクに対応する為の社員教育のポイント ・・・・・・他

■このプレスリリースに関するお問い合わせは下記まで
[redacted]

<Press 担当：誘客マネジメンツ 加藤学>

②独自性を証明するもの、補足するもの
客観的に見た言葉で、何が目新しく、
ニュース性があるのかを心がけて書いていきます。

③商品やサービスの紹介、
価格など

④お客様の得られるメリット

⑤信頼性の構築
今回は信頼性の高そうな公の場所を使い、
そのことが伝わるようにしています。

⑥反応行動ツール　冒頭にも連絡先の掲載はありますが、
必ず、プレスの件に関する問い合わせ先・担当者を記載し、丁寧に作り込みます。

販促物ではないし、ファックスはモノクロなのでビジュアルは入れない等の違いはあります。また、表現の仕方も売り込み的ではなく、事実を正確に伝えるような文体にしています。

まずは、もう一度おさらいとして、9つのパーツをご紹介します。

①独自性を伝えるキャッチコピー・サブコピー　②キャッチコピーと連動したビジュアル　③独自性を証明するもの、補足するもの　④商品やサービスの紹介、写真、価格など　⑤お客様の得られるメリット、利用シーン　⑥信頼性の構築　⑦反応行動ツール　⑧行動喚起の仕掛け　⑨社名ロゴ、会社の所在

その中で、「2　キャッチコピーと連動したビジュアル」と「8　行動喚起の仕掛け」は使用していません。そのため、7つのパーツということになります。

それぞれを、1枚のプレスリリースの中に落とし込んでいきます。そうすると、前ページの図のような形になります。

それぞれを説明していきます。ポイントは、すべてにおいて客観的事実に基づき、情報を

適切に伝える文章にしている点です。

●●● 独自性を伝えるキャッチコピー・サブコピー

プレスリリースの表題になる部分です。ここを読むだけで、何について書かれているのかがわかるようにします。できるだけ、独自性のある事実を記載してください。

通常のキャッチコピーのように、「生産効率が10倍！　〇〇〇の技術とは！？」というような興味を煽るような言葉は入れないようにしてください。たとえば、「生産効率が10倍になる〇〇〇技術を発表しました」というように、客観的に見た事実を適切に伝えていきます。

●●● 独自性を証明するもの、補足するもの

出だしのリードの文章です。ここで、ニュース性の根拠となる内容を簡潔に伝えていきます。最初のキャッチコピーを補足する内容を伝えるとよいでしょう。

●●● 商品やサービスの紹介、価格など

商品・サービスについて、具体的に伝えます。ここでは写真は使いません。文章で伝えますが、最初の部分で一番の特徴となることは伝えていると思います。

その他の特徴を簡潔に伝えます。箇条書きにして伝えるぐらい、簡潔な方がいいでしょう。

お客様の得られるメリット、利用シーン

新商品やサービスの場合、どのような利用の仕方かイメージが湧かない場合があります。その際には、得られるメリットや利用シーンを簡潔に伝えます。

信頼性の構築

もし、何かのお墨付きがあったら一言入れてください。チラシの場合なら、お客様の声等を入れましたが、プレスリリースではもっと簡潔にします。

たとえば、「経済産業大臣認定」など、信頼性を上げるものがあれば入れてください。

反応行動ツール

ここは、毎回ながら丁寧に作ります。どのようなことに気をつけるのかというと、このプレスリリースに興味を持ち、問合せをするときに迷うことのないように気を配ります。

まずは、問合せ先の「電話番号」、そして「メールアドレス」と「ファックス番号」を掲載します。

次に、担当者名を必ず書きます。そのときに担当者の役割を設定しておきます。たとえば、「広報担当　名前」というようにします。先方から電話がかかってきた際に、「広報担当の◯◯さんはおられますか」と言われることを想定しています。電話を受けた方も、プレスリリースの件だとすぐにわかります。このとき、普段の肩書きではなく、このプレスリリース専用の役割を記載しておくと、電話がかかってきた時点で判別できます。

電話を受ける側にも、共有しておくことも重要です。電話を受ける可能性のある誰もが、この件での問合せだとわるようにしておきます。

また、担当者不在時の対応準備も必要です。電話付近に、プレスリリース送信先リストと、先方担当者記載欄・連絡先を書く欄・電話がかかって来た時間を書く欄を設けて、電話を受けた際にメモをしておくようにします。手元にリストがあると、担当者以外のスタッフでも、相手のマスコミ名の聞き間違いを防ぐ効果があります。

社名ロゴ、会社の所在

よもや、記載忘れはないかと思いますが、漏れなく記載をしてください。

情報を伝えるという点では、マスコミプレスも販促物と同じです。違いは、客観的な事実を正確に伝える文面であることです。この一枚の情報で、記者が記事を書けるくらいの内容になっていることが望ましいのです。

あとは、提供するネタしだいです。公共的な目線で観たときに、ニュースとなるネタであるかどうか、そのネタがそのときのシーズンに合っているかどうかも重要です。

私は「共同通信ニュース予定」という書籍を参考にしています。各時期でどのようなネタをニュースとして考えているのかの参考になります。

記事のリサイクルで〝わらしべ長者〟のようにメディアに取り上げてもらう方法

小さな記事でもいいので、何かでメディアに記事で取り上げられたとします。そうしたら、それで終わりではありません。

お伽話の「わらしべ長者」をごぞんじでしょうか。観音様にいただいたわらしべに虻を括りつけたものが、物々交換を繰り返していくうちに、みかん・反物・馬・田畑屋敷に変わっていくお話です。さすがに、わらしべから田畑屋敷というほどのことは起きませんが、小さなものをキッカケに、段々と大きなものに変化していくこのお話を見習い、次はその記事を元に、もっと広く記事に取り上げられるように狙っていきます。

新聞やテレビ等の日々のニュース系のものは、プレスリリース1枚で知らせていきましたが、月間1回発行の雑誌や専門誌はその限りではなく、パンフレットとプレスリリースを含めたものを郵送します。

その際に、先に取り上げられた記事のコピーを同梱します。月間誌やシーズンに1回発行される情報誌の場合、取材・編集の期間がある程度あります。そのため、A４一枚のプレスにこだわることなく、魅力的な情報を伝えていきます。

また、情報誌を作っている方は、他の情報誌もけっこうチェックをしているものです。たとえばA誌に取り上げられたら、同様の題材を扱っているB誌に情報を流していったりもします。こうしてひとつの記事をリサイクルしながら、わらしべ長者のように他のメディアを狙っていきます。

自社パンフレットの使い道も、お客様に渡すだけでなく、専門誌への情報提供としての役割の方が、当たれば大きな効果を生みます。

わらしべ長者は、これだけでは終わりません。メディアで記事になったものは、店の広告にも利用していきます。

5章でお伝えした「販促物9つのパーツ」の中の、⑥信頼性の構築としてのツールに使います。ダイレクトメールで送る際に、記事のコピーを同梱したり、ホームページで紹介したりします。

とくに新聞記事等の堅いメディアで記事に取り上げられると、信頼性構築効果が高くなります。そういう役割のためにも、小規模なメディアであっても確実に狙っていくことが有効なのです。

また、ホームページへの掲載は必ず行なっています。逆に言うと、先に紹介した「来られました」検索に引っかかってライバルに察知される原因にもなってしまうのですが。

これまで見てきたように、メディアでの情報発信は、わらしべ長者のようにどんどん記事をリサイクルをして使用することを想定して行なっていきます。とにかく、小規模なメディアでもいいので、取り上げられそうなメディアを狙っていきます。地元メディアで人脈があれば、なおさらそこを狙っていきます。私自身もそうしたつながりでテレビ出演をしたこともあります。

それを、次にお客様へ発信する販促物に活かしていきます。これを定期的に行なっていくことが、中小規模の店を経営されている方の集客方法につながっていきます。

9章

新入社員を
即戦力セールスマネージャーに
変えたリクルート流「ヨミ表」

新人セールスマネージャーが、1ヶ月1200人集客に成功した

最後の章では、会社利用の宴会客やグループ利用者等の大口客を集客していく方法をお伝えします。これまでお伝えしてきたことは個人のお客様の集客の手法でした。個人のお客様が相手の場合は、一人ひとりのお客様へアプローチをして集客していくということはとてもできません。しかし、相手が会社やグループである場合、こちらから直接アプローチをして集客を行なう価値があります。そしてその方法は、法人営業の方法と相性がよいのです。

そこで私は、リクルート時代に行なっていた法人営業マネジメントのアレンジしたものを、そうした要望のあるクライアントで活用してきました。

私は、今の事業を立ち上げる前は、情報誌大手のリクルートで働いていました。どういう偶然か、遠くへ嫁いだ私の妹もリクルートで働き、妹の夫の義母も大昔にリクルート関係というように、リクルートにはご縁がありました。部署によってやり方も違うのでしょうが、根本には共通するものがあります。それを、飲食業の団体営業用に大幅にアレンジし、私は実績を出してきました。

『宴会営業ヨミ表』の一例

リクルート流「営業ヨミ表」の構造を参考に、ある施設の支配人が
宴会客営業での団体予約獲得用にアレンジして作成した

受注を増やすには、まずは「数」の多さ。
受注確率から逆算して、必要なアタック
の数を計算できるようにしている。
このときは、目標に足りない数字の
１０倍の数のアタックを義務付けた

受注までの営業工程が、
A～Dまで５段階に細分化。
A（決定）・B（可能性大）・C1(直接訪問）・C2（電話営業）・D（DM）
それぞれの合計が自動計算されている

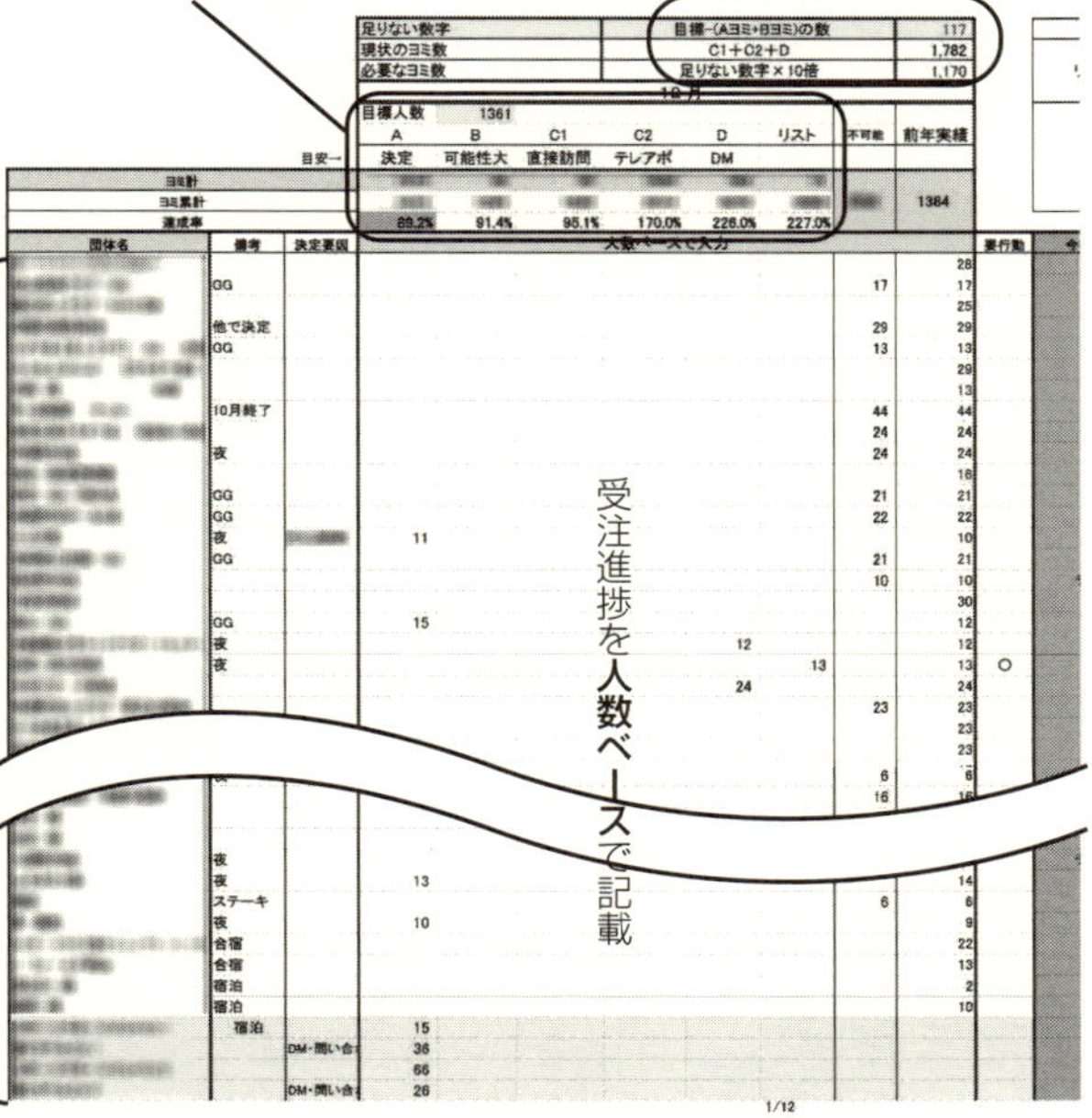

営業先の社名が並んでいる。

受注進捗を人数ベースで記載

このエリアに記載された数字の変化から、
営業部隊の動きや受注状態を読み取っていく。
この表で営業先数３００社程度なら、全体像を容易に把握できるここでお伝えするのは、宴会場を完備していてグループでの宴会集客に力を入れていたある飲食店の事例です。その店はレストランスペースの他に、3部屋の宴会スペースを備えていました。仕切りを変えることで、ひとつの大きな部屋として使ったり3つに分けて中規模のグループでの宴会に対応するなど、さまざまな使い方ができます。ちなみに、こうした使い方のできる店は、居酒屋では多く見られます。また、昔ながらの大型旅館では、こうした宴会場を備えているのが当たり前というほど、多く見られます。

そこでは、元々その地域の顔役で多方面へつながりのあるベテラン社員が、通常業務を兼ねて営業活動を行なっていました。つながりのある企業などへご挨拶に行き、「今度の忘新年会は、ぜひうちに」「○○会の宴会は、ぜひうちに」と声をかけておられました。それそのものは、すばらしいと思います。しかし、難点もあります。それは、1日にご挨拶に行ける件数が、5件程度が限度だということでした。挨拶と言っても、本当に5分程度の挨拶というわけにはいきません。人間関係を作るので、それなりの時間を会話に使います。そして成約する率が3割でもあればすばらしいのですが、タイミングよく宴会があるとも限らないので、そうはいきません。

ベテラン社員には申し訳ないのですが、営業に割いている時間と人件費、そこから得るリターンが少なすぎるように感じました。そもそも、それほど高い成約率は見込めない割には、1日に訪問する件数が少ないことが問題でした。これは非効率だと感じましたが、それを面と向かってベテラン社員に言うのはやめておきました。この手のことは、事実を見せて証明しないと、理屈だけでは説得力がないからです。

そこで、ベテラン社員の営業活動とは別に、今までこの業界を経験したこともない、若い副マネージャーを営業マネージャーとして活動させることにしました。やっていくことは、件数を確実にこなすこと、こなした件数に対して成約へ進んでいくための進捗を確認すること、集客目標を決めてそこへ足りるか足りないかを予測して、不足する場合は追加の行動を行なうことです。簡単に言うと、営業の行動管理です。具体的にはどのように行なうのかは、後の部分でお伝えします。

保有している各種団体の顧客リストにダイレクトメールを送り、その後電話フォローを行なう。そこで成約確率が高そうな団体に具体的な話を持っていく。その段階になってから、必要とあれば訪問を行ない、打合せをしてクロージングしていきます。

結果的には、月間で1200名以上の宴会客を集めることに成功しました。ベテラン営業マンでも100人足らずです。それほど多くは感じませんが、市民の人口3万人程度の過疎地での活動でしたので、この数字でもかなりの集客数です。しかも、マネージャーはこの地域には転勤でやってきたので、地元でのつながりは皆無です。それでも的確に行動を実行することと、件数を効率よくこなすことで確実に効果を出しました。しかも、月の中旬あたりですでに、最終の着地点は1200人ぐらいになりそうだという予測がついていました。実は、私が立てた目標は結構高めに設定し1300人でした。そこから逆算したときに、早い段階で「あと100人、どうしても材料が足りない」と言ってきたのです。そこで、リスト追加と、一度断られた団体への当たり直しの指示を出しました。その結果、目標までかなり近づいたのです。早い段階で着地点を予測できることも、次の行動を起こす上で非常に大切なことです。また、私自身が週に1回の進捗確認を行なうだけで、そのときの動きが手に取るようにわかるのです。

ベテランの勘も大切なのですが、行動を起こすための管理を確実に行ない、多くの方の知恵を集めた営業マネジメントはもっと大切なのです。

リクルート流「ヨミ表」で1ヶ月後の成果予測が簡単にできる！

前項では、どのようにして営業マネジメントを行なっていったのかをお伝えします。

私は、リクルートで使っていた営業進捗表をアレンジして、飲食業の団体客営業に活用していました。リクルートではこの営業進捗表を「ヨミ表」と呼んでいました。文字通り、営業進捗から着地点を「読む」ためのものです。おそらく、営業を専門に行なっている会社であれば、当たり前に持っている仕組みだと思います。

しかし、飲食業や観光業などサービス業で、これらの仕組みを整えている会社にお目にかかったことがありません。もちろん、今回使用したものは、リクルートでの法人営業のときの形式に、大きくアレンジを加えています。このアレンジは、私ではなくクライアントの営業マネージャーが、自分が使いやすいように行ないました。しかし、根底にある考え方は同じです。

では、どういったものなのか。213ページの図のような形式で、縦軸に顧客アタックリストが並んでいます。そして横軸が、営業進捗状況です。横軸の営業進捗状況は、最初のアプローチから成約までの工程を段階で表わしています。

部署ごとに形式は違うのですが、私がリクルート時代に使っていたものは大きく4段階に分かれていました。①お客様への提案案件、②成約の可能性あり、③成約確率大、④成約の4段階で営業提案を行なっていたので、この段階に成約から逆算して、それぞれに「A：成約　B：成約確率大　C：成約の可能性あり　D：お客様への提案」というように段階を呼び分けていました。

営業会議のときには、「Aヨミで○○万円、CヨミからBヨミ○○万円アップです」というような会話をします。この呼び方を聞くだけで、懐かしい思いがします。

これを、店舗の団体客営業用にアレンジするにはどのようにすればいいのかをお伝えします。

まずは、最初の接触から成約までの工程を書き出します。前項の事例の場合、営業進捗の流れを書き出すと以下のような工程がありました。

①顧客リスト準備・提案案件　②ダイレクトメールを送る　③電話をする　④お客様に合わせた案内資料&電話をする　⑤競合との比較も含めて予算・内容検討をする　⑥成約決定

このように、6工程に分解することができました。

これを逆から順に、A：成約決定　B：予算や内容検討　C：お客様ごとの提案　D：最初の電話フォロー　E：ダイレクトメール案内　F：顧客リスト、という位置づけにします。この流れで、Fのお客様がEに上がりDに上がり、最終的にAまで上げていくという工程を管理していくのです。

それぞれ、その工程にいるお客様のことを、アルファベットと合わせて「◯ヨミ」と言います。たとえば、Fの段階のお客様は「Fヨミ」と呼びます。

最初はFの段階です。私と現場マネージャーとは以下のような会話を行ないます。

「先週は、リスト200件ほどがFヨミで上がっていますね。進捗しましたか？」（先週は、顧客リストが200件準備されている状態）

「現在、100件をEヨミ、Dヨミ100件です」（今週、全件DMを送り、うち100件を電話フォローした状態）

「まず、Eヨミあと100件をDヨミにすることを急ぎましょう。時間はとれそうですか？」

「はい、明日・明後日に3時間とります。◯◯さんも一緒にDヨミアップをやってくれる予

定です」（今週中に、残り１００件に電話フォロー）

このように、非常にシステマチックに「的確な行動」を重ねていきます。

成約には、行動の質ももちろん大切です。しかし、多くの場合で行動量を増やすことと、的確に行動することが成果を出すためには近道です。そして、何が的確な行動で、どのようなことができていないのかが一目でわかります。しかも、顧客リストが数百件あっても、５分足らずで全体像を摑むことができるのです。

以上のように、行動を管理することと、その行動がどのような成果を生んでいるのか、次に何をしたらいいのかをマネジメントすることで、経営者・現場マネージャー・プレーヤーとの間で、共通認識を作ることと、ＰＤＣＡ（計画・実行・確認・処置）サイクルを確実に回すことができるようになります。

〝価格交渉〟をなくすと新人営業マンでもベテランセールスマンを圧倒する

ヨミ表というツールの紹介をさせていただきましたが、ここではいかにして効率を上げるコツをお伝えします。ヨミ表をマネージャーが使用する場合、どのような観点を持てばいいのでしょうか。実は、この観点こそが、よいマネージャーとそうでないマネージャーの違いを生みます。最初にお伝えしておくと、商品・サービスによってこの観点は変わってきます。

提案型でカスタマイズの効く商材、たとえば、リクルートの場合だと広告です。クライアントの課題を深掘りしていきながら、シーズナリティー（季節変動要因）と損益分岐点や販売チャンネルごとの課題を炙り出して、解決策として広告の提案を行ない、投資対効果を想定した提案を行ないます。1つひとつの案件を深掘りする観点でアドバイスをしていきます。しかし、ここでは店舗集客に絞った観点での話にしたいと思います。

店舗集客の場合は、深掘りをすることよりも数を多く当たる方が、成果を生みやすいのです。最後の成約するかどうかという段階で、競合と比較していることを感じ取った場合は深掘りをしていきます。そうでないときは、まずアプローチ件数を増やすことです。その観点での話をお伝えします。また、価格交渉をなくすことのメリットについてもお伝えしたいと思います。

事例の場合で、実際に起こった例を中心にお話しします。

いつものようにヨミ表を見ながら、マネージャーと打合せをしていました。まだ営業開始間もない序盤戦、どうやら順調に行動を重ねることができているようです。

まず最初に、気がついたことがありました。それは、人数目標に対してリスト件数が少ないことでした。事例の場合は、顧客リストから成約までの確率を逆算すると、成約目標人数から逆算し、現状で足りない人数に対して、およそ10倍のアプローチリストが必要でした。

しかし、それに対して顧客リストがまったく足りていません。また、1日に30件の電話アプローチを行なっていました。そのときの残リストは、たしか300件くらいだったと記憶しています。

そうすると、4日目にはアプローチリストがなくなってしまいます。まだまだ営業序盤戦、アプローチを終えたお客様に対して、成約していただくために注力するには心もとない人数です。この時点では、マネージャーはこの観点を持っていませんでした。最初の課題は、顧客リストを確保することができるか、またどのようにして確保するかです。

幸いに、保有しているリストが大量にあったことや、本部にリストがあったので、それを追加しました。ちなみに私は、個人情報保護第三者認証マークの審査員でもあるので、個人情報保護法の観点から、リストをやり取りしていいかどうかには気をつけていますが、ここでは、その詳細については割愛させていただきます。

リスト件数が足りているかどうか、足りない場合は確保できるのか、どのように確保するのかは真っ先に確認する観点です。

次に、ヨミ表の動きを見ていきます。この場合は1週間に1回の確認を行なっていました。そのため、先週と比較して動いた数字・動いていない数字を確認します。

まずは、動いた数字を見ていきます。とくに、CからBなど、成約に向かって動いている数字に着目します。なぜならば、成約に向かうということは、成功例のひとつと言えるからです。その裏に、何らかの要因が隠れている場合が多いからです。このときに、マネージャーにはこのように質問します。

「このお客様が、CからBにアップしていきましたね。何か要因があったと思いますが、お客様はどのようなことを言われていましたか」

ここでのポイントは、「お客様はどのようなことを言われていたか」という部分です。マネージャーの主観をなるべくなくして、事実をつかむための質問です。「価格が手頃であった」「たまたまよいタイミングだった」「昨年は、別の店に行ったから」といった答えが多いように感じます。しかし、この中にもヒントが隠されているのです。たとえば、「たまたまよいタイミング」ということは、他の同じようなお客様にとってもよいタイミングかもしれない、という仮説が浮かびます。

成約へ向かう方向で数字が動いている場合は、必ず深掘りをしていくことが重要です。

また、動いていない数字に対しても確認をしていきます。このときには、マネージャーにこのような質問をします。

「○○の動きが前回と変わっていないのですが、何か理由はありますか」

動きがない場合、これも何か理由があるはずです。ここでのポイントは、「何か理由はありますか」という部分です。この質問の仕方だと、イエス／ノーで答えることができます。まず、イエスかノーかを確認し、次に「なぜですか」という深掘りに入ります。このような聞き方をする理由は、相手を追い詰めないためでもあります。「この数字が動いていないのはなぜですか」と質問をすると、これといった理由がない場合に、かなり追い詰められた感じを受けます。これといった理由がない場合は、「いいえ、とくに理由もなくて」と素直に答えられるようにします。そして次は、行動するための期限の約束をします。

このように、顧客リストの数、前回比較で動いた数字・動いていない数字の観点を持って、ヨミ表を見ていきながら効率を上げていきます。

さらに、仕組みとして効率を上げる方法があります。それは「価格交渉をなくす」ことです。

成約の手前段階のCヨミからBヨミへのアップは、どうしても行動量・速度が落ちるものです。とくにこの段階になると、お客様と価格交渉・サービス内容交渉をしていることが多くなります。多くの場合、ここでベテラン営業マンと新人営業マンとの差が生まれます。

ベテラン営業マンは、相手のさじ加減をつかみながら、価格を決めたりサービス内容で追加したりと駆け引きをして成約に結びつけます。ここでは、営業マンの個人判断が腕の見せ所です。よりよい個人判断ができるかどうかは、経験が大きく関わってくるのはもちろんのこと、社内的な立場・権限も関わってきます。ベテランの場合、その自由度が高いために、柔軟に対応できます。

経験が浅いほど、この個人判断での価格・サービス内容交渉に自由度がありません。そのため、この段階になると新人に任せられないということで、一部のベテラン営業マンだけが動いているケースに多々出会いました。

そこで私は、価格交渉をなくすことを提唱しています。3章での「組合せプランニング法」でもご紹介した方法で、組合せによりさまざまなパターンでの内容と価格のサービスを提案できるようにしてしまうのです。これだけでも、数百通りの価格や内容を提案できます。それが難しいのなら、松・竹・梅の3段階でもいいのです。あとは、お客様に選んでいただきます。

ちなみに、リクルート時代に扱っていた商材も、価格交渉のできないものの方が多かったです。

価格交渉が難しいから、経験の浅い人に任せられないという理由で行動量が減るよりも、曖昧な交渉をなくして行動量を増やした方が、成果も多くなるものです。私の経験した事例でも、マイペースで動くベテラン営業マンよりも、価格交渉は定形でしかできないけれど、一所懸命動く新人営業マンの方が成果を上げてきました。

“金額ベース”での進捗管理をやめて行動量が2倍以上アップ！

ヨミ表の活用とマネジメントに関して、店舗集客ならではのオススメな方法があります。それは、ヨミ表に記載して管理する数字を金額ベースではなく、お客様の「人数ベース」で管理するのです。

前項でも価格交渉をなくすことなど、シンプルに行動できる仕組みを作ることが有効であることをお伝えしました。それでも、変動要因が大きいのが金額です。お客様の成約単価と人数、どちらも売上金額に影響するものです。売上ベースで管理をしていると、それだけ処理をする情報が多くなります。

そこでいっそのこと、売上金額での管理をやめて、人数ベースでの管理をすると、管理がシンプルになり行動しやすくなります。

前記の事例の場合では、マネージャーと相談をして金額ベースでの管理をやめて、人数ベースで管理するようになりました。というのも、Cヨミ段階になっている案件に関して、価格がまだ決まっていないので、どのようになるかわからないという話が多かったからです。

人数はおおよそは決まっているが、内容や金額はこれから打合せをして決めるということでした。そのため、どのように記載をするのかイメージがなかなか湧かなかったのです。

なぜイメージが湧きにくいのかというと、変動要因が複数あるからです。今回の例の場合は、人数という変動要因と、単価という変動要因があり、それらの掛け合わせになっているので複雑に感じるのです。その中で把握しやすい方を、ヨミ表の中で管理する数字として採用しました。人数は先方しだいで、こちら側が「何人にしませんか」といった交渉や提案をすることはありません。

そのため、お客様が現時点で決めている人数を記載するだけですみます。もちろん、この数字はAヨミ確定する頃には変動していることも多々あります。しかし、人数が変動し単価が変動し、掛け合わせた売上げが変動し、その金額を記載するといった手間に比べれば、はるかに少なくすみます。何よりも、直感で把握ができます。店舗内の席の確保という点でも、人数で理解しておいた方が都合がよいのです。

人数ベースで管理するようになってから、ヨミ表への記載が早くなり、活用度合いもはるかに上がりました。これは、私の経験から感じ取ったことですが、どうやら飲食業やサービス業などの店舗ビジネスでは、人数ベースで管理する方が、スピードが上がるようです。このように、管理する数字の変動要因はひとつだけにしておくことが、スピードを上げるコツです。

経営者としては、正確な売上着地点を知りたいものであり、金額ベースでわかるようになっている方がよいのもわかります。事実、アドバイザー業としての私自身のヨミ表は金額ベースで記載をしています。

しかし、ヨミ表の本来の目的は、行動量を増やすことと的確な行動をするためのものです。活用度を高めるためには、直感的に記載できるものであることが大切です。

今回は、私自身が最も便利でスピードが上がる事例として、金額ベースではなく人数ベースで管理する方法をご紹介しました。しかし、これは店舗によって最も便利で、イメージしやすい数字を管理すればよいと思います。まず、マネージャーと営業マン等の現場スタッフが把握しやすいことが重要です。そのため、ヨミ表のカスタマイズは現場スタッフに任せて作成してもらう方がいいのです。

マネジメントツールは経営者のためのものではなく、マネージャーとプレーヤー等、現場で活動するスタッフのためのものです。

現場スタッフにとって、直感的にわかるもの、使いやすいものを採用することが、行動を早めるポイントであり、そこから成果を生み出すスピードが上がってきます。

あとがき

「帰納」と「演繹」を繰り返し、皆様がプロとして活躍するステージ

　ここまでに、私が集客のプロとして行なってきたノウハウをお伝えしてきました。そこには一貫して、「再現性」を求めて何度も繰り返し、試行錯誤をしたことが詰まっています。
　しかし、これらのノウハウは私が一人で作り上げたオリジナルかというと、決してそうではありません。どのようなプロであっても、あらゆるノウハウを、何らかの形で先人から学んでいます。そうでなければ、単なる我流になってしまいます。基本的なことでいうと、日本語の読み書きや算数も、先人から学んだものです。

「帰納」と「演繹」という言葉をごぞんじでしょうか。私が仕事をするうえで、常に意識していることです。「帰納」とは、起こっている事象から類似点を見つけて、「こうすればこうなる」という法則性を作り出すことです。「演繹」とは、ある法則性を元に考察して、「これ

はこうなるという法則があるから、この事象に当てはめるとこうなる」という結論を導き出すことです。

先人から学んだノウハウや法則性を、自分の現場に当てはめて演繹をします。そうすると、法則通りのときもあれば、うまくいかないこともあります。しかし、自分なりに何らかの答えが得られます。その中から、また自分なりの法則性を導き出して帰納します。この本はまさに、今まで学んできて演繹してきたことを、帰納したものとなりました。

集客ノウハウを学ぶのが大好きな私ですが、執筆期間中は一切の集客本を読まないようにしました。というのも、私のようなアドバイザー業は、他人のノウハウを自分のものにすることを、無意識のうちに行なってしまう機能が備わっているからです。自分が演繹したもの以外のことをアウトプットしないよう、純粋に帰納したものができ上がるように意識したのです。いくつかの参考文献もありますが、執筆中は一切読まないようにしてきました。しかし、明らかに私のノウハウのベースになっているものについては挙げさせていただきました。

次は、読者の方にこの本のノウハウを演繹していただきたいと思います。きっと、十人十色の結果が得られると思います。そのときには、みなさんはそれぞれのノウハウを得られてに発揮して磨いていってください。私も、自分のクライアントに教えられます。それを、また帰納と演繹を繰り返す。そうして、お互いに成長していけたらすばらしいと思います。

売り込む「集客」から、売り込まずにお客様がやって来る「誘客」へ

最後に「誘客」ということについてお伝えしたいと思います。

今回、私は「集客のプロ」という立ち位置で執筆してきました。

私の事業名は「誘客マネジメンツ」と言い、「誘客」という聞き慣れない言葉を使っています。私のフィールドである観光業界では、「誘客」という言葉を「集客」と同じ意味で使っています。

しかし私は、「集客」と「誘客」を使い分けています。集客とはお客様を集めてくること。誘客とは、お客様が主体となって、自分から集まってくるように仕掛けを作っていくことだと言われています。

誘客とは「誘う」という言葉と「客」という言葉の組合せです。では「誘う」ということは何なのかを探っていきます。誘うということは、相手の方が自分の判断で、「この行動することがよい」と感じたことによって、実際に行動しています。誘っている方は、あくまで教えてあげたり気づかせてあげたりしているだけです。

「誘」という文字を分解してみると、「言」と「秀」という文字から成り立っています。調べたところでは、お米の花が見事に咲き誇り、最も美しく、秀（ひい）でた状態を、形として表したもののことでした。

「秀」という文字は、植物が由来となっています。調べたところでは、お米の花が見事に咲き誇り、最も美しく、秀（ひい）でた状態を、形として表したもののことでした。

誘うとは、見事で魅力的な「秀でている」部分を「言葉にして伝えることではないでしょうか。秀でている部分を、意図的に伝え気づかせることで、相手の方から「コレはよい！」と判断させて、行動させることと言えます。そこには、誘っている側の意図的な部分は伝わっていないはずです。

最初にもどって、「誘客」とは、「商品・サービスの秀でている部分を」、「意図的に、お客様が使っている言葉と同じ言葉で伝えて」、お客様に自ら動いてもらうことと言えます。

そこには、売り手側の意図である売込みは感じさせていないはずです。以上見てきたことをまとめると、誘客の定義は、「売込みを感じさせない集客の仕掛け」と言えます。これは、単に面白い動画や動物キャラクター等で、売込みを感じさせずに興味をひく「コンテンツマーケティング」という分野だけではありません。また、道路看板や街頭でのチラシ配りのように店内に誘導することだけでもありません。

たとえば、その店に眠っている本当の魅力を発掘して言葉にする作業を行ないます。この

「魅力発見」という作業が誘客の一種と言えます。その先は、それを集客全般に使用していきます。魅力的なサービスづくりや人財育成も、売込みを感じさせないけれど、お客様に来てもらうためには大切な要素です。それを実現するために、求人段階からアドバイスをしていきます。経営者の相談相手になって、悩みを整理して晴れやかな気持ちになってもらうことも重要なことです。

こうして見ていくと、誘客とは単なる集客活動を超えた、会社づくり・ひとづくりにつながるとても奥の深い仕事です。最後になりますが、本書を読み進めていただき感謝いたします。みなさんが、「集客のプロ」であり「誘客のプロ」になっていくことを切に願っております。

ここまで私を支えてくださったクライアントの皆様、リクルート社員時代から私を育てて下さった岡山県湯原温泉の池田博昭理事および上塩浩子様をはじめ多くの経営者様、共に考察を深め合った㈱リクルートライフスタイル社の前田浩輝さん、本当にありがとうございます。また、ＵＳＰを構築するノウハウから、アドバイザーとしてのあり方を長年に渡り指導してくださった㈱ＵＳＰの加藤洋一先生、本を執筆し出版するまでの心構えを教えてくださったｅＢａｙ専門家の藤木雅治先生に、感謝いたします。

本書執筆にあたってお世話になりました同文舘出版の古市達彦編集長、本当にありがとうございました。ここを私のひとつの振り返りポイントとして、そして次へのステージへ飛躍し、より多くの方々のお役に立てるように務めていくことを決意して、締めくくりの言葉とさせていただきます。

著者

参考文献

『御社の売上を増大させるＵＳＰマーケティング』　加藤 洋一
『ＵＳＰ ユニーク・セリング・プロポジション 売上に直結させる絶対不変の法則』　ロッサー・リーブス
『世界一働きたい会社を創ろう！』　マーク・Ｍ・ムネヨシ
『アリ地獄先生の「売らないのに売れる」秘密の授業』　佐藤 昌弘
『コンサルタントが使っているフレームワーク思考法』　高橋 健三
『選択理論を学校にークオリティ・スクールの実現に向けて』　柿谷 正期

著者略歴

加藤 学（かとう　まなぶ）

「誘客マネジメンツ」代表。
飲食店・レジャー施設から観光地・旅館までを手がける誘客専門家。差別化の手法として『∞誘客ブランディング®』という手法を得意とする。
社会に出てから約20年間、広告・集客業一筋。ムービー制作・広告デザイン会社、交通広告専門代理店の企画営業を経て、㈱リクルートへ入社。『じゃらん』の企画営業を経験し、市街地だけでなく、集客が難しい山間部・離島も数多く経験。現在でも、山間部の温泉地や地方の飲食店などの案件を手がけることが多く、『僻地の誘客アドバイザー』と呼ばれる。

お客を集めるプロが教える「徹底集客術」

平成28年9月1日　初版発行

著　者 —— 加藤 学

発行者 —— 中島治久

発行所 —— 同文舘出版株式会社

東京都千代田区神田神保町1-41　〒101-0051
電話　営業03（3294）1801　編集03（3294）1802
振替00100-8-42935
http://www.dobunkan.co.jp/

ISBN978-4-495-53511-7

印刷／製本：三美印刷

Printed in Japan 2016